示范性高等职业院校重点建设专业校企合作教材

Gonglu Gongcheng Waiye Kance
公路工程外业勘测

敬麒麟　主　编
刘海平　副主编
魏新良　冯　春　主　审

人民交通出版社

内 容 提 要

本书为示范性高等职业院校重点建设专业校企合作教材之一。主要内容有:公路勘测的准备工作、公路选线及控制点布设、路线平面测设、路线纵断面测量、路线横断面测量、公路路线线形优化、地形测量、公路综合排水及构造物调查、公路沿线防护工程及筑路材料调查以及公路沿线其他相关资料调查、公路外业勘测汇报。

本书是高职高专院校道路桥梁工程技术专业项目化课程教学用书,也可作为相关专业工程技术人员的参考用书,或作为有关专业继续教育及职业培训教材。

图书在版编目(CIP)数据

公路工程外业勘测 / 敬麒麟主编. --北京:人民交通出版社,2013.12
示范性高等职业院校重点建设专业校企合作教材
ISBN 978-7-114-10991-1

Ⅰ.①公… Ⅱ.①敬… Ⅲ.①道路工程－勘测－高等职业教育－教材 Ⅳ.①U412.2

中国版本图书馆 CIP 数据核字(2013)第 267040 号

示范性高等职业院校重点建设专业校企合作教材

书　　名:	公路工程外业勘测
著 作 者:	敬麒麟
责任编辑:	袁　方　王绍科
出版发行:	人民交通出版社
地　　址:	(100011)北京市朝阳区安定门外外馆斜街 3 号
网　　址:	http://www.ccpress.com.cn
销售电话:	(010)59757973
总 经 销:	人民交通出版社发行部
经　　销:	各地新华书店
印　　刷:	北京鑫正大印刷有限公司
开　　本:	787×1092　1/16
印　　张:	7
字　　数:	160 千
版　　次:	2013 年 12 月　第 1 版
印　　次:	2015 年 6 月　第 2 次印刷
书　　号:	ISBN 978-7-114-10991-1
定　　价:	32.00 元

(有印刷、装订质量问题的图书由本社负责调换)

新疆交通职业技术学院
教材编审委员会

主　任：段明社

副主任：吴灵林　　李绪梅

成　员：阿巴白克里·阿布拉　侯士斌　帕尔哈提·艾则孜
　　　　潘　杰　　李　杰　　吕　雯　　虎法梅　　张福琴
　　　　李　刚　　宿春燕　　李询辉　　郭新玉　　罗江红
　　　　孙珍娣　　杨永春　　合尼古力·吾买尔　　笽莲芳

序

  在几易其稿之后，我院自治区示范性高等职业院校建设成果之———工学结合系列教材终于付梓了。自我院作为自治区示范性高职院校建设单位以来，以强化内涵建设为重点，以专业建设为龙头，以核心课程和教材建设为载体，与行业企业技术、管理专家共同组建专业团队，在课程改革的基础上，共同编著了 10 余种教材，涵盖了我院的汽车运用技术、道路桥梁工程技术、物流管理、工程机械运用与维护四个专业的专业核心课程。

  本系列教材是学院与行业企业共同开发的，适应区域、行业经济和社会发展的需要，体现行业新规范、新标准，反映行业企业的新技术、新工艺、新材料。教材内容紧密结合生产实际，融"教、学、做"为一体，力求体现能力本位的现代教育思想和理念，突出职业教育实践技能训练和动手能力培养的特色，在保证知识体系完整性的同时，体现基于工作过程的基本思想，注重实践性、先进性、通用性和典型性，是适合高职院校使用的理论和实践一体化教材。

  本系列教材由我院自治区示范性重点建设专业的专业带头人、骨干教师与校企合作单位的技术骨干、管理专家合作共同制订编写大纲，由理论功底深厚的专业教师担任主编，聘请行业企业专家作为主审。这些教师长期工作在高职教育教学一线，熟悉教学方法和手段，理论方面有深厚功底；而行业企业专家具有丰富的实践经验，能够把握教材的广度和深度，设定基于工作过程的教学任务，两者结合、优势互补，体现"校企合作、工学结合"的精髓。该系列教材的广泛应用，相信能够在新疆维吾尔自治区职业教育中起到引领和推动作用。

新疆交通职业技术学院
教材编审委员会
2012 年 9 月

前　言

《公路工程外业勘测》是道路桥梁工程技术专业的核心课程。通过本课程的学习,学生能够熟练应用公路勘察设计规范,掌握公路工程外业勘察的技能和相关理论知识,熟悉公路外业勘察流程,具备外业勘察以及运用国家现行勘察设计规范、规程、标准的能力,能进行外业勘察工作。

本教材以国家最新技术标准、规范为依据,以企业调研为基础,以职业岗位工作目标为切入点,紧密围绕外业工作过程编写的,注重理论联系实际,强化实用性和可操作性,重点突出行业岗位对从业人员知识结构和职业能力的要求,充分体现高等职业教育的特点。

本教材的设计以培养公路外业综合勘察能力为主线,包含的十六个任务完全按照公路外业勘察程序进行设计,具有很强的指导意义。

本教材与传统教材相比有以下特点:

1. 教材打破传统教材按章节划分理论知识的方法,将理论知识按照公路外业勘察程序进行重构,通过任务的完成使学生"学中做、做中学",与传统的理论灌输有本质的区别。

2. 教材的内容不再依据相关学科的理论知识体系,而来源于相应岗位的工作内容;教学内容的选取依据完成岗位工作任务对知识和技能的要求,建立在行业专家对相应岗位工作任务分析结果和专业教师深入行业进行岗位调研结果的基础上。

3. 教材不再停留在对课程内容的直接描述,而是十分注重对教学过程的设计,注重学生对教学过程的参与,提出了公路工程外业应该完成的工作任务。

4. 教材图文并茂,语言表述精炼、准确、科学,能调动学生的学习兴趣,使学生加深对公路工程外业勘测的认识和理解。

本书由新疆交通职业技术学院敬麒麟担任主编,新疆交通职业技术学院刘海平担任副主编,新疆立弓交通勘察设计研究院魏新良和新疆交通职业技术学院冯春担任主审。具体编写分工为:敬麒麟编写任务一、二、三、四、十六、附录二以及负责统稿工作;刘海平编写任务八、十、十一、十三;新疆交通职业技术学院曹永鹏编写任务九、十二;新疆交通职业技术学院高秀梅编写任务七、十五;新疆交通职业技术学院赵健编写任务五、六;新疆交通职业技术学院夏亮亮编写任务十四;新疆立弓交通勘察设计研究院潘刚编写附录一。

在本书编写过程中,参考和引用了大量有关文献资料,在此对有关作者表示谢意。

由于时间仓促,水平有限,书中内容难免存在缺点和错误,敬请读者批评指正。

编 者
2013 年 12 月

目　　录

任务一	公路工程外业勘测人员、物资、设备准备工作	1
任务二	公路工程外业勘测技术准备	4
任务三	公路选线及控制点布设	5
任务四	路线平面测设——角度、距离测量	14
任务五	路线平面测设——曲线设置	19
任务六	路线平面测设——路线中线放样	31
任务七	路线纵断面测量——水准点布设	34
任务八	路线纵断面测量——基平测量	35
任务九	路线纵断面测量——中平测量	39
任务十	路线横断面测量	43
任务十一	公路路线线形优化	49
任务十二	公路带状地形图测量	52
任务十三	公路沿线排水及构造物调查	58
任务十四	公路沿线防护工程调查	64
任务十五	公路沿线筑路材料调查	72
任务十六	公路沿线其他相关资料调查	79
附录一	Y395线（铁热克镇—苏干村）重要农村公路改建工程工程地质勘察报告书	86
附录二	拜城县西矿区公路建设项目外业勘测汇报	93
参考文献		99

任务一　公路工程外业勘测人员、物资、设备准备工作

 任务描述

公路工程外业勘测工作包括路线方案选定、量角测距、中线放样、中基平测量、横断面测量、地形测量,小桥涵及路线交叉测量、调查,工程地质及筑路材料调查,综合调查,内业数据处理,后勤保障等。根据工作任务及性质,必须按工作任务组建工作组,并配备必需的测量仪器。

 学习目标

1. 了解公路工程外业勘测队伍的组成、人员分工。
2. 了解公路工程外业勘测所需要的生活物资、勘察测量设备。

 知识链接

公路工程外业勘测的目的是在现场进行具体方案的勘测,并进行路线方案选择、确定路线走向,按标准完成测角测距、中线放样、中平测量、基平测量、横断面测量、地形测量,小桥涵、路线交叉和其他勘测资料的测量、调查及内业工作,为施工图设计搜集、提供相关资料。

为保证公路工程外业勘察任务的顺利进行,之前必须做好必要的准备工作。准备工作包括人员准备、物资准备、设备准备。

分析掌握承担工程项目的性质、难易程度、工程所在地的基本情况,详细分解任务,确定各分项工程技术人员及辅助人员数量,测设所需仪器设备,人员住宿及生活安排,工作场所条件,做好出发前的人员、物资和设备准备工作,保证外业勘测的顺利实施。

 工程实例

勘察设计委托书

委托单位:××××地区交通局
受委托单位:××××公路勘察设计有限公司
拟修建××××矿区公路,现委托贵公司对该路进行一阶段勘察设计,测设里程暂定36km,平原区约21km,山岭区约15km。
一、工程名称:××××矿区公路改建工程
二、设计阶段:一阶段勘察设计
三、设计原则:按照整体协调性、对生态环境最小限度的破坏和最大限度的恢复、良好的景观生态效应、安全高效性等原则组织勘测设计工作,同时要满足国家有关标准、规范的要求。

四、委托内容：

公路一阶段施工图设计（含交通工程及沿线设施）、预算编制。

五、主要技术标准：

1. 路线等级：三级、设计时速 40(30)km/h
2. 路基宽度：8.5(7.5)m
3. 路面宽度：净 7.5(6.5)m
4. 设计荷载：公路—Ⅱ级

其余指标应满足《公路工程技术标准》（JTG B01—2003）的相关要求。地形条件特别困难地段，在经过技术经济比较后，可适当降低技术指标。

六、提交的成果及时间要求。

提交的成果：通过审查后的施工图设计文件 8 份。

文件提交时间：2013 年××月××日。

××××地区交通局
2012 年 06 月 20 日

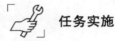 任务实施

一、组建测量队

(1) 测量队队长 1 人：有较强的组织协调能力，技术全面，负责测量队的全盘工作。

(2) 测量队副队长 1 人：协助队长开展工作，具体负责后勤保障工作。

(3) 选线组：组长 1 人，成员不少于 3 人。

(4) 量角测距组：组长 1 人，成员不少于 2 人。

(5) 水准组：组长 1 人，成员不少于 1 人。

(6) 横断组：组长 1 人，成员不少于 1 人。

(7) 地形组：组长 1 人，成员不少于 3 人。

(8) 桥涵组：组长 1 人，成员不少于 1 人。

(9) 地调组：组长 1 人，成员不少于 2 人。

(10) 综合调查组：组长 1 人，成员不少于 1 人。

(11) 内业组：组长 1 人，成员不少于 1 人。

(12) 后勤保障组：组长由副队长担任，成员不少于 1 人。

二、仪器设备准备（见表 1-1）

仪器设备准备详表　　　　表 1-1

	记录本（套）	30m皮尺（个）	全站仪（台）	水准仪（台）	50m钢卷尺（个）	花杆（套）	对讲机（对）	水准尺或塔尺（套）	罗盘仪（个）	铅笔（支）	计算机（台）	照相机（部）
选线组	1	1	1			6	2		1	3	1	
量角测距组	1		1				2					

续上表

	记录本（套）	30m皮尺（个）	全站仪（台）	水准仪（台）	50m钢卷尺（个）	花杆（套）	对讲机（对）	水准尺或塔尺（套）	罗盘仪（个）	铅笔（支）	计算机（台）	照相机（部）
中桩组	1	2	1		2	4	2			4	1	
水准组	1			2	2	2		4		4		
横断组	1	2		1	2	1	2			2		
地形组	1	2	1			4	2	2		2	1	
桥涵组	3	2		1	2	1	2		1	4		1
地调组	3	2	1		2				1	4		1

任务二 公路工程外业勘测技术准备

 **任务描述**

公路工程外业勘测是根据业主下达的设计任务书及相关技术规范、标准进行的，勘测工作实施前必须学习领会项目所对应的技术规范及具体项目特殊要求。

 学习目标

了解公路工程外业勘测工作所需的各项技术准备工作。

 知识链接

熟悉工作任务，查阅技术标准、规范，填写针对本次任务的主要技术指标表，并准备外业用各类记录表格。

 工程实例

某公路建设项目完成的主要勘察、测量工作任务表见表2-1和适用技术标准见表2-2。

主要勘察、测量工作任务表　　　　　　　　　　　　　表2-1

序号	项目	单位	工作量	序号	项目	单位	工作量
1	选线里程	km	平原区21，山区15	7	桥涵调查	个	待定
2	量角测距数量	个	待定	8	工程地质调查	km	36
3	水准点数量	个	平原21，山区20	9	地形测量里程（中线两侧200m）	km	36
4	中线放样里程（中桩间距20m）	km	36	10	料场调查（取样不少于20kg）	个	待定
5	横断面测量	km	平原区21，山区15	11	沿线占地、拆迁及综合调查	km	36
6	中平测量里程	km	36				

项目适用技术标准表　　　　　　　　　　　　　表2-2

序号	项目		单位	技术标准
1	公路等级			三级
2	设计速度		km/h	平原区40，山岭区30
3	路基（路面）宽度		m	平原8.5（山区7.5）
4	桥涵设计汽车荷载等级			公路—Ⅱ级
5	圆曲线半径	一般值/极限值	m	平原100/55，山区65/30
		不设超高最小值	m	平原600，山区350
6	平曲线最小长度	一般值/最小值	m	平原区70，山区50
7	缓和曲线最小长度		m	平原区35，山区25

任务三 公路选线及控制点布设

任务描述

根据任务书给定的路线起讫点、公路等级、设计速度,我们需要解决的是在路线的起点、行经地点、终点之间,选定一条技术上可行,经济上合理,又能符合使用要求的公路中心线的工作。

学习目标

能够根据任务书要求选出一条符合技术标准的路线。

知识链接

一、公路选线的目的与意义

公路选线的目的,就是根据国家建设发展的需要,结合自然条件选定合理的路线,使筑路费用与使用质量达到统一,且行车迅速安全、经济舒适、构造物稳定耐久及易于养护。

公路选线就是根据路线的基本走向和技术标准的要求,结合当地的地形、地质、地物及其他沿线条件和施工条件等,选定一条技术上可行、经济上合理,又能符合使用要求的公路中心线的工作。

公路选线是整个公路勘测设计的关键,是公路线形设计的重要环节,它对公路的使用质量和工程造价都有很大的影响。

选线人员必须认真贯彻国家规定的方针政策,深入实际,调查研究,反复比较,正确解决技术指标与在自然条件下实地布线之间的矛盾,综合考虑路线、路基、路面、桥涵、隧道、交叉口等。

选线需要考虑自然环境和社会经济条件,以及线形技术指标等各方面的因素,因此,选线是一项涉及面广、影响因素多、政策性和技术性都很强的工作。

影响公路选线的主要自然因素:地形、气候、水文、水文地质、地质、土壤及植物覆盖等。

复杂的山岭公路线形如图3-1。山区高速公路线形如图3-2。

图3-1 复杂的山岭公路线形　　　　　　图3-2 山区高速公路线形

二、公路选线的原则

1. 路线设计

路线设计应在保证行车安全、舒适、迅速的前提下,使工程数量最小、造价低、营运费用少、效益好,并有利于施工和养护。

路线设计应注意在立体线形设计中平、纵、横面的舒顺、合理配合,力求平面短捷舒顺,纵面平缓均匀,横面稳定经济。

在工程量增加不大时,应尽量采用较高的技术指标,不宜轻易采用低限指标,也不应不顾工程量的大幅增加而片面追求高指标。

2. 选线占地

做到少占田地,注意尽量不占高产田、经济作物田或经济林园等。

对沿线必须占用的田地,应按国家有关法规,做好造地还田等规划和必要的设计。

通过名胜、风景、古迹地区的公路,应与周围的环境、景观相协调,并适当照顾美观。注意保护原有的自然生态环境和重要的历史文物遗址。

3. 工程水文地质

对于滑坡、崩塌、岩堆、泥石流、岩溶、软土、泥沼等严重不良地质地段和沙漠以及多年冻土等特殊地区,应慎重对待。一般情况下,路线应设法避绕;当路线必须穿过时,应选择合适的位置,缩小穿越范围,并采取必要的措施。

对于高填深挖路基地段,应做好路基边坡岩土情况的勘测工作,查清边坡及基底情况,据此进行填挖边坡稳定性计算,必要时采取切实可行及安全可靠的防护措施。

4. 路与桥的关系

大中桥位应在服从路线总方向的原则下综合考虑,不要因桥位而过多地增长路线,桥位应尽量选择在河道顺直、水流稳定、地质良好的河段上,并注意方便人们出行。

小桥涵位置应服从路线走向,但在不降低路线技术指标的情况下,也应适当考虑小桥涵位置的合理性。

5. 高速公路

对于高速公路和一级公路,由于其路幅宽,可根据通过地区的地形、地物、自然环境等条件,利用其上下车道分离的特点,本着因地制宜的原则,合理采用上下行车道分离的形式布线。

6. 环境保护

(1) 平原微丘区公路选线

①填方、取土、弃土对农业资源、土壤耕作条件的影响;

②对农田水利灌溉系统的影响;

③路面径流对养殖业水体的影响。

(2) 山岭重丘区公路选线

①高填、深挖对自然景观、植被的影响;

②公路的分隔与阻隔对珍稀植物资源的影响;

③对水体流失的影响;

④路基开挖、弃方堆砌、爆破作业等对诱发地质灾害的影响;

⑤绕城线或城市出入口的公路选线;

⑥占地、拆迁房屋所带来的影响；
⑦阻隔出行的影响；
⑧交通噪声的影响；
⑨环境空气污染的影响；
⑩与环境敏感点的距离的影响。

三、公路选线的方法

1. 实地选线（传统的选线方法）

特点：方法简便、切合实际。由于实地容易直观掌握地质、地形、地物情况，因此做出的方案比较可靠，定线时不需要大比例尺地形图。

缺点：野外工作量大，体力劳动强度大，野外测设工作受气候季节影响较大，由于实地视野的限制，掌握地形、地貌、地物的局限性很大，使路线的整体布局有一定的片面性和局限性。

适用范围：一般等级较低、方案比较明确的公路。

2. 纸上选线

特点：野外工作量小，定线不受自然因素干扰，能在室内纵观全局，结合地形、地物、地质条件，综合平、纵、横三方面因素，因此路线更为合理。

缺点：需要大比例的地形图，若用航空摄影可大大缩短成图时间。

步骤：实地敷设导线；实测地形图；纸上选定路线；实地放线。

3. 自动化选线

过程：自动化选线时，先用航测方法测得航测图片，再根据地形信息建立数字地形模型，把选线设计的要求转化为数学模型，将设计数据输入计算机后，计算机自动选线、分析比较和优化，最后通过自动绘图仪和打印机将全部设计表输出。

四、公路选线的步骤

由大到小、由粗到细、由轮廓到具体，逐步深入，分阶段、分步骤比较分析。

（一）路线方案选择

在路线总方向（起、讫点和中间必须经过城镇或地点）确定后，从大面积着手由面到带进行总体布置，即通常先在小比例地形图（1:50000～1:100000）上进行路线布局，选定出可能的路线方案，然后进行踏勘与资料收集，根据需要与可能结合具体条件，通过比选落实必须通过的主要控制点，放弃那些避让的控制点，逐步缩小路线活动范围，进而定出大体的路线布局，为下一步定线工作奠定基础。

（二）路线带选择

在路线基本方向选定的基础上，按地形条件具体选择路线通过的地带，也称路线布局。路线带选择按地形大致可分为平原地区选线、丘陵地区选线和山岭地区选线。

1. 平原地区选线

平原地区除盐渍土、河谷漫滩、草原、戈壁、沙漠等地区外，一般为耕地并有较密的居民点的地区。在河网湖沼平原地区，还具有湖泊、水塘、河汊多的特点。

平原地区的地形对路线限制较少。两控制点间如无地质不良和地物障碍等，则两个控制点的直接连线是最理想的路线。但是，一般平原地区农田密布，灌溉渠道网纵横交错，城镇、居民点和工业设施很多，选线时应根据公路使用要求，进行综合分析，以确定一系列的中间控制点。连接这些控制点，就是选定的路线带。

选择路线带时应注意少占好地，处理好与农田水利设施的关系和城镇发展的关系。此外，尽可能不穿越大湖塘、泥沼、洼地，并尽可能靠近建筑材料产地等。如图3-3。

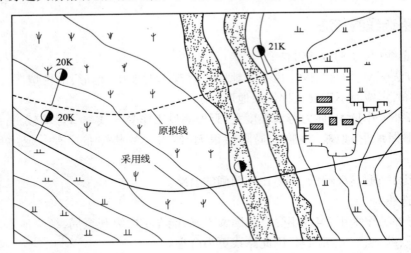

图 3-3　平原地区路线方案比选示意

2. 丘陵地区选线

丘陵地区，山丘连绵，岗坳交错，此起彼伏，山形迂回曲折，岭低脊宽，山坡较缓，丘谷相对高差不大。在这样的地形特点下进行公路选线，在基本方向允许的范围内，一般有较多的局部方案可供选择。选线时应根据地形、水文地质条件，并考虑当地经济发展的需要，经过反复比较后，选取方向顺直、工程量小的方案。

为适应丘陵地区地形、地势的特点，平面线形应以舒顺的曲线为主体，避免使用过长的直线；纵断面线形以平、缓坡形为主，允许轻微起伏。丘陵地区路线一般可最大限度地做到平、纵、横三面协调，平、纵线形舒顺且配合得当，横断面布置合理。

3. 山岭地区选线

山岭地区往往是山高谷深，地形复杂。但山脉水系分明，这就基本上决定了山岭地区路线方向选择的两种可能的方案：一是顺山沿水，二是横越河谷和山岭。顺山沿水路线又可按行经地带的部位分为沿河线、越岭线、山脊线、山腰线等线形。

（1）沿河线

一般谷底不宽，两岸阶地较窄，谷坡时缓时陡，间有浅滩和峭壁。山区河流平时流量不大，但山洪暴发时，洪流常夹带泥沙、砾石、树木急速下泻，冲刷河岸，危害甚大。河谷地质复杂，常有滑塌、岩堆、泥石流等病害发生。寒冷地区的背阳峡谷日照少，常有积雪、雪崩和涎流冰等现象。这些自然条件是沿河线选线必须考虑的因素。但沿河线与山区其他线形相比，却具有纵坡平缓，工程量小，施工、养护及运营条件较好等优点，常常是山区选线优先考虑的方案。

沿河线的布设，由于河谷两岸的地形、地质条件往往差别很大，所以，必须慎重考虑河岸的选择、跨河桥位的选择和线位高低的选择。路线是布设在河岸的一边好，还是避开困难工程修建跨河桥好,在这两者之间应权衡利弊,作出抉择。

沿河线的线位选取低线,一般可以采用较高的标准,便于利用有利的自然条件,工程量也较少;其最大的缺点是易受洪水威胁,防护工程较多。高线一般都位于山坡上,路线必然随山势曲折而弯曲,线形较差,工程量大;优点是受洪水威胁少。因此,线位高度应根据河谷特征、水文、地质情况结合路线标准和工程经济来选择。

(2) 越岭线

越岭路线要克服很大的高差,因此选越岭线须从纵坡设计入手,路线的平面位置及长短主要取决于纵坡的设计。越岭线的布设主要应解决的问题是:选择垭口;选择过岭的方式;选定垭口两侧山坡的展线方案。

①选择垭口要考虑越岭方案的重要控制点,应在符合路线基本走向的较大范围内加以选择。

②选择过岭方式,主要有以下三种形式:

a. 浅挖低填,适用于岭宽脊厚的垭口。

b. 深挖垭口,适用于山脊瘦削,地质情况良好的垭口。深挖程度视地形、地质、气象等条件以及两侧展线的要求决定。垭口越瘦,越宜深挖。但地质条件差时,应以不危及路基稳定为度。

c. 隧道穿越,当挖深较大,采用隧道比明堑经济,特别是垭口瘦薄,用不长的隧道穿越能大大降低路线爬升高度,缩短展线长度,提高线形标准,减少运营费用,技术经济指标都比较优越时,应该采用公路隧道穿越方案。

③选定垭口两侧山坡展线方案是为了克服越岭的高差。所谓展线,就是利用有利地形,人为地展线,使路线在允许的坡度范围内逐渐从山脚上升到山顶。越岭展线的方式主要有以下三种:

a. 自然展线。以适当的坡度,顺着自然地形,绕山嘴、侧沟来展线,克服高差。优点是路线走向和基本方向一致,行程和升降统一,路线最短,线形简单,一般技术指标也较高。如无地形或地质障碍,布线应尽可能选用这种方式。

b. 回头展线。利用有利地形设置回头曲线,使路线在山坡上来回盘绕的展线形式。其关键是选择回头曲线的位置,一般多利用直径较大,横坡较缓的岜形山包或宽坦山脊,或利用地质、水文地质良好的平缓山坡和地形开阔的山沟或山坳。回头展线设在同一坡面上,对行车、施工、养护都不利,甚至破坏山坡的稳定。应尽量把路线拉开,分散回头曲线,减少回头次数。

c. 螺旋展线。地形特殊地段,路线回转360°形成环状的展线形式,可使上、下线以隧道或跨线桥的形式穿过。螺旋展线在某些地形条件下可代替一对回头线。它比回头展线有较好的线形,但须建隧道或跨线桥,造价较高。因此,在选定螺旋展线方案时,应根据路线标准、地形条件和回头展线方案进行技术经济比较,以决定取舍。

(3) 山脊线

山脊线是大体上沿分水岭布设的路线。方向顺直,岭宽脊厚,横坡平缓,纵向起伏不大的分水岭是布设山脊线的理想地形。高山地区的分水岭常常是山峰、垭口相间排列,起伏较大。这种地形的山脊线受低垭口的控制,路线须沿分水岭侧坡在垭口之间穿行。平面线形随山势弯曲,纵断面多有起伏。山脊线在一般情况下地质和水文情况良好,路基工程量小,桥涵构造物少。但高山地区山脊线的线位较高,远离居民点;海拔高时空气稀薄,有云雾、积雪、结冰等现象,对行车不利。山脊布线基本上是沿分水岭走行,路线走向明确,选线主要是选好控制垭口,以及控制垭口之间利于布线的山坡。一般是在初选控制垭口的基础上,再在侧坡布线过程中比较优劣,决定取舍。在其他条件相同时,应争取走山岭的阳坡。

(4)山腰线

山腰线是指布置在高大山岭腰部的路线。沿河高线和越岭线的大部分路段都属于这一类。

在总体路线方案既定的基础上,以相邻主要控制点间划分段落,根据公路标准,结合其间具体地形通过试坡展线方法逐段加密细部控制点,进一步明确路线走法,即在大控制点间,结合地形、地质、水文、气候等条件,逐段定出小控制点,即构成路线带(路线布局),一般是在(1∶10000～1∶50000)比例尺的地形图上进行,只有在地形简单、方案明确的路段,才进行现场直接选定。这一步工作的关键在于探索与落实路线方案,为实现具体定线提供可能的途径。这一步工作如做得仔细,就可以减少以后的不必要的改线与返工。逐段安排路线是通过踏勘测量或详测前的路线勘察来解决的。

(三)具体定线

有了上述路线轮廓即可进行具体定线,根据地形起伏与复杂程度的不同,可分为现场直接插点定线和放坡定点的方法。插出一系列的控制点,然后从这些点位中穿出通过多数点(特别是那些控制较严的点位)直线段,延伸相邻直线的交点即为路线的转角点,随后拟定出曲线半径。

综上所述,做好定线工作的关键在于摸清地形情况,全面考虑前后线形衔接与平、纵、横协调关系,恰当地选用合适的技术指标,以使整个线形得以连贯协调。这是一步更深入、更细致、更具体的工作。具体定线在详测时完成。图3-4为路线选线模型。

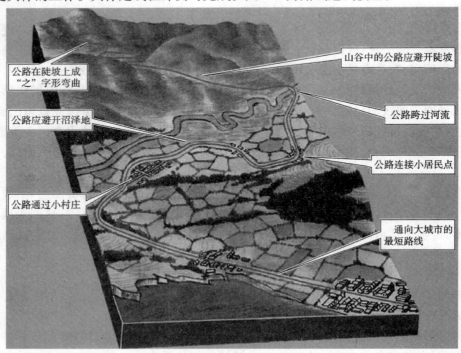

图3-4　路线选线模型

工程实例

某矿区三级公路改建项目,原路线位于两山谷中的狭窄地带,并沿河流布设,多为连续急弯。原道路为矿区自筹资金,自行组织施工。弯道技术指标不满足规范要求,沿线设施及构造物均为临时简易构造物,未按标准规范修建,交通事故频发。

本项目任务要求是按照三级公路技术标准对全线进行重新勘察设计,由政府投资进行改建。如图 3-5 为该项目起讫点及地理位置图。

图 3-5 项目起讫点及地理位置图

路线 JD_{51} 及后续路段为连续急弯路段,内侧为一陡峭山坡,外侧为河流。根据实测,实际半径均小于 10m,而该项目任务书规定为三级公路,设计速度为 30km/h,要求极限最小半径为 30m。如果在原来基础上增大半径,需大量开挖山体,将会使山体失稳,造成山体滑坡等病害;且因交点间距过短,后续交点也无法设置满足规范要求的曲线,因此对此处进行了改线处理。通过角度距离测量并选择合适的半径试算后能满足规范要求。图 3-6 为路线局部地形图布线方案。

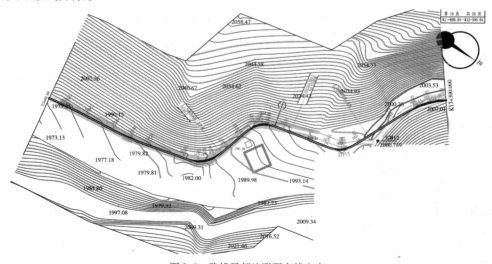

图 3-6 路线局部地形图布线方案

图 3-7 为路线改线实施方案示意图。

图 3-7　路线改线实施方案示意图

 任务实施

学 习 任 务 单

项目名称	选　　线		任务名称	路线导线点布设	任务学时	4 学时
课程	公路工程外业勘测		教材	公路勘测设计	任务对象	道桥专业群学生
任务给定（与职业标准相对应）	任务目标		完成某三级公路导线点的布设			
	任务要求		职业能力:导线点的控制测量的原则、要点、步骤与方法。 职业素养:职业态度,沟通合作,组织与协调能力			
	任务目标分析		1. 路线导线点布设原则; 2. 路线导线点布设要点; 3. 路线导线点布设步骤与方法; 4. 培养科学规范、严谨求实、团结协作、组织沟通、实践创新能力			
任务分析	路线导线点布设按等级要求完成,按闭合导线要求进行					
相关知识学习	相关知识点		公路勘测基本认识、导线控制测量的原理、知识;GPS 定位测量、全站仪测量在公路工程中的应用与工作原理,测量的成果分析与数据处理			
	学习方式		讲解路线导线控制测量的原理,推导计算公式;绘制导线示意图,按照处理原理进行数据处理、校正等			
任务实施	1. 认真熟悉、检查仪器,并做好清单记录; 2. 按导线要求在处理基地进行实地分析; 3. 按导线要求进行选点,确定控制点的大致位置; 4. 在规定位置定位控制; 5. 在定位点做记号,确定控制点; 6. 绘制控制点草图					
技术指导	1. 在实测完成后针对疑难问题进行专项操作练习; 2. 实测注意事项:在开阔、平坦、通视处设点;在设点处架仪器,观测要方便且安全; 3. 教师写任务小结,学生写任务报告					
知识链接	1. 教师与学生共同讨论、学习、总结、提高; 2. 学习其他导线控制测量知识和方法(附合导线、支导线)					

续上表

任务测评	测评方式	1. 知识题与操作题考核； 2. 个人评价、小组互评、教师过程评价综合评定成绩
	测评标准	1. 仪器安置正确(10分)； 2. 操作无误,能正确使用仪器(20分)； 3. 能完成闭合导线控制点布设(40分)； 4. 实测过程符合科学、规范、严谨、协作的要求(10分)； 5. 及时上交任务报告,内容符合要求,书写整齐,绘图准确(20分)
成果要求		1. 报告主要包括任务名称、任务目标、实施计划、任务实施保障、实施过程、任务小结等部分； 2. 要用尺子和铅笔或计算机绘制实施示意图； 3. 任务小结主要说明实施过程中的难点、解决办法及心得体会； 4. 报告要求字迹工整、表述清楚,也可采用计算机打印并及时上交

任务四　路线平面测设——角度、距离测量

任务描述

公路线形的基本型是按"直线—回旋线—圆曲线—回旋线—直线"的顺序组合的,那么,公路的走向是在发生变化的,怎么描述它的变化是转角及距离。角度及距离的测量至关重要。

具体任务:某新建公路工程。起点至终点共有三个交点,即 JD_1、JD_2、JD_3。我们的任务是测量路线的转角(或右角)及每段直线的长度。如图4-1所示。

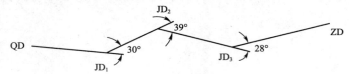

图4-1　路线导线

学习目标

1. 了解转角的基本概念。
2. 熟悉运用角度测量的方法。
3. 熟悉运用距离测量的方法。

知识链接

一、平面线形设计

1. 平面线形设计的一般原则
(1)平面线形应直捷、连续、顺适,并与地形、地物相适应,与周围环境相协调;
(2)保持平面线形的均衡与连贯;
(3)应避免连续急弯的线形;
(4)平曲线应有足够的长度。
2. 平面路线设计的相关规定
《公路路线设计规范》(JTG D20—2006)规定了平曲线最小长度,如表4-1所示。

各级公路平曲线最小长度　　　　　　　　　　　表4-1

公路等级	高速公路			一级公路			二级公路		三级公路		四级公路
设计速度 (km/h)	120	100	80	100	80	60	80	60	40	30	20
平曲线最小长度 (m)	200	170	140	170	140	100	140	100	70	50	40

对于 $\theta \leqslant 7°$ 的小偏角,其长度应大于表 4-2 中规定的"一般值"。当受地形及其他特殊情况限制时,可降至表中"低限值"。

公路转角等于或小于 7°时的平曲线长度　　　　表 4-2

公路等级		高速公路			一级公路			二级公路		三级公路		四级公路
设计速度(km/h)		120	100	80	100	80	60	80	60	40	30	20
平曲线最小长度(m)	一般值	140°/θ	120°/θ	100°/θ	120°/θ	100°/θ	70°/θ	100°/θ	70°/θ	50°/θ	35°/θ	28°/θ
	低限值	200	170	140	170	140	100	140	100	70	50	40

注:表中的 θ 角为路线转角值(°),当 $\theta < 2°$ 时,按 $\theta = 2°$。

二、常见平面线形的组合类型

1. 基本型

基本型是按"直线—回旋线—圆曲线—回旋线—直线"的顺序组合的。

两个回旋线的参数值可以根据地形条件设计成对称型($A_1 = A_2$ 为对称型)或非对称型($A_1 \neq A_2$ 为非对称型)曲线。

为使线形连续协调,回旋线—圆曲线—回旋线的长度之比宜为 1:1:1 左右,并注意设置基本型的几何条件:$\alpha > 2\beta_0$(α 为圆曲线转角,β_0 为缓和曲线角)。

2. S 形

两个反向圆曲线用回旋线连接起来的组合线形为 S 形。

S 形相邻两个回旋线参数 A_1 与 A_2 宜相等,设计成对称型。当采用不同的参数时,A_1 与 A_2 之比应小于 2.0,有条件时以小于 1.5 为宜。

S 形的两个反向回旋线以径相光滑连接为宜,当地形等条件受限必须插入短直线或当两圆曲线的回旋线相互重合时,短直线或重合段的长度应符合下式规定:

$$L \leqslant (A_1 + A_2)/40$$

式中:L——反向回旋线间短直线或重合段的长度,m;

A_1、A_2——回旋线参数。

两圆曲线半径之比不宜过大,以 $R_2/R_1 = 1 \sim 1/3$ 为宜。R_1 为大圆曲线半径(m),R_2 为小圆曲线半径(m)。

3. 复曲线

(1)直线与两同向圆曲线直接相连的形式:两同向圆曲线按直线—圆曲线 R_1—圆曲线 R_2—直线的顺序组合构成。

(2)两同向圆曲线两端设置缓和曲线的形式:两同向圆曲线按直线—回旋线 A_1—圆曲线 R_1—圆曲线 R_2—回旋线 A_2—直线的顺序组合构成。

(3)卵形:用一个回旋线连接两个同向圆曲线的组合形式,称为卵形。按直线—回旋线 A_1—圆曲线 R_1—回旋线—圆曲线 R_2—回旋线 A_2—直线顺序组合构成。

卵形组合的回旋线参数宜符合下式要求:

$$R_2/2 \leqslant A \leqslant R_2$$

式中:A——回旋线参数;

R_2——小圆曲线半径,m。

两圆曲线半径之比,以 R_2/R_1 在 0.2~0.8 之间为宜。

两圆曲线的间距,D/R_2 在 0.003~0.03 之间为宜,以免曲率变化太大。D 为两圆曲线间的最小间距,m;

4. 凸形

两个同向回旋线间不插入圆曲线而径相衔接的线形称为凸形。即:

$$\alpha = 2\beta_0 \quad (\alpha \text{ 为圆曲线转角},\beta_0 \text{ 为缓和曲线角})$$

5. 复合型

两个及两个以上同向回旋线,在曲率相等处相互连接的形式称为复合型。

复合型的两个回旋线参数之比以小于 1:1.5 为宜。

6. C 形

同向曲线的两个回旋线在曲率为零处径相衔接(即连接处曲率为 0,R 为 ∞)的形式称为 C 形。

C 形的线形组合方式只有在特殊地形条件下方可采用。

三、路线转角的测定

在路线转折处,为了测设曲线,需要测定转角。所谓转角,是指路线由一个方向偏转至另一方向时,偏转后的方向与原方向间的夹角,以 α 表示。

当偏转后的方向位于原方向左侧时,为左转角;当偏转后的方向位于原方向右侧时,为右转角。在路线测量中,转角通常是通过观测路线的右角 β 计算求得。

$$\text{右角} = \text{后视读数} - \text{前视读数}$$

当后视读数小于前视读数时,应将后视读数加上 360°,然后再减去前视读数。

水平距离(平距):两点投影到水平面上后点位的距离。

斜距(SD):仪器站距被测目标的直线距离。

测量仪器:全站仪。

四、计算转角及距离

根据右角计算(图 4-2):

当右角 $\beta_5 < 180°$ 时,为右转角,此时,$\alpha_右 = 180° - \beta_5$

当右角 $\beta_6 > 180°$ 时,为左转角,$\alpha_左 = \beta_6 - 180°$

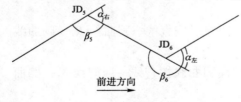

图 4-2 路线右角示意图

右角 β 的测定,通常测回法观测一个测回(通常先以盘左位置测角,称为上半测回;以盘右位置测角,称为下半测回。两个半测回合在一起称为一测回),两个半侧回所测角值的误差视公路等级而定,一般不超过 1′,如在容许范围内可取平均值作为最后结果。

为了保证测角的精确,还须进行路线角度闭合差的检校。当路线导线与高级控制点连接时,可按附合导线计算角度闭合。如在限差之内,则进行闭合差调整。当路线未与高级控制点联测时,可每隔一段距离观测一次真方位角用来检校角度。为了及时发现测角错误,可在每日工作开始与收工前用罗盘仪各观测一次磁方位角,与以角度推算的方位角相核对。

距离的测量可采用全站仪直接测量。

 工程实例

如某三级公路,选线组确定交点如图 4-3 所示,测角、测距仪器均采用全站仪。

测角组工作步骤如下:

(1)首先将全站仪架立于 JD_1,盘左瞄准 JD_2,将水平角置零并记录水平距离,顺时针旋转,瞄准 QD,记录水平角度并记录水平距离;然后盘右逆时针瞄

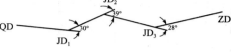

图 4-3 交点示意图

准进行读数,得出右角为 210°,则通过计算,当右角 $\beta > 180°$ 时,为左转角,$\alpha = \beta - 180° = 30°$。

(2)将全站仪架立于 JD_2,盘左瞄准 JD_3 并记录水平距离,顺时针旋转至 JD_1,记录水平角度并记录水平距离;然后盘右逆时针瞄准进行读数,得出右角为 141°,则通过计算,当右角 $\beta < 180°$ 时,为右转角,此时,$\alpha = 180° - \beta = 39°$。

(3)同理通过测量和计算可以得出 JD_3 处为左转,$\alpha = 28°$。

并在相应测角记录表上记录角度和示意图(见表 4-3)。

测 角 记 录 表   表 4-3

天气			年 月 日 第 页			天气	年 月 日 第 页
JD		方位角	观测 计算(N)	°　′　″ °　′　″	右侧角 °　′　″		
角度观测	测站	测点	正距	倒镜	R		
					L_1		
					T		
	角度				L		
交点间长度	测点螺栓		视距	视距总长	E		
					L_1		
					J		
					P		
					Q		
					β		
JD		方位角	观测 计算(N)	°　′　″ °　′　″	右侧角 °　′　″		
角度观测	测站	测点	正距	倒镜	R		
					L_1		
					T		
	角度				L		
交点间长度	测点螺栓		视距	视距总长	E		
					L_1		
					J		
					P		
					Q		
					β		

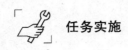 任务实施

学 习 任 务 单

项目名称		测角	任务名称	测角	任务学时	4学时
任务给定 (与职业标准相对应)	任务目标	完成某三级公路导线水平角(右角)测量				
	任务要求	职业能力:转角的测设与计算方法。 职业素养:职业态度、沟通合作、组织与协调能力				
	任务目标分析	1.右角的测量; 2.转角的计算; 3.培养科学规范、严谨求实、团结协作、组织沟通、实践创新能力				
任务分析		右角测量及转角的计算(需按规定精度要求完成)				
相关知识学习	相关知识点	测量学基本认识、全站仪工作原理、水平角测量与数据处理				
	学习方式	讲解公路导线水平角测量原则、要点、步骤与方法				
任务实施		1.认真熟悉、检查仪器,并做好清单记录; 2.按角度测量基地实地测量,做好数据记录; 3.绘制公路导线(水平角及交点)草图				
技术指导		1.在实测完成后针对疑难问题进行专项操作练习; 2.实测注意事项:水平角测右角;仪器架设要规范、观测要细心、注意仪器及人身安全; 3.教师写任务小结,学生写任务报告				
知识链接		教师与学生共同讨论、学习、总结、提高(口试和操作)				
任务测评	测评方式	1.知识题与操作题考核; 2.个人评价、小组互评、教师过程评价综合评定成绩				
	测评标准	1.仪器安置正确(10分); 2.能正确使用仪器且操作无误(40分); 3.能完成水平角及交点间距测量(40分); 4.实测过程符合科学、规范、严谨、协作的要求(10分)				
成果要求		1.报告主要包括任务名称、任务目标、实施计划、任务实施保障、实施过程、任务小结等部分; 2.用尺子和铅笔或计算机绘制实施示意图; 3.任务小结主要说明实施过程中的难点、解决办法及心得体会; 4.报告要求字迹工整、表述清楚,也可采用计算机打印并及时上交				

任务五　路线平面测设——曲线设置

任务描述

公路的走向是在不断发生变化的,我们用转角描述它的变化,如何连接两个方向上的直线?曲线的设置非常重要。

具体任务:某新建公路工程,在外业选线、测角和测距完成后,我们需要在路线转角处进行曲线设置,按照规范的规定设置曲线类型并确定相应的参数值及各要素,如图5-1所示。

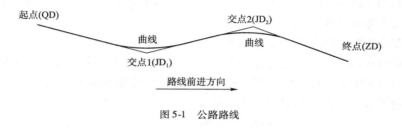

图 5-1　公路路线

学习目标

1. 掌握圆曲线、缓和曲线的选择配置。
2. 掌握圆曲线、缓和曲线的曲线要素计算。
3. 理解其他曲线的要求。

知识链接

一、直线

（一）直线的线形特征

直线的线形特征主要有:

（1）以最短的距离连接两个目的地,具有路线短和行车方向明确的特点。直线具有视距良好、行车快速、易于排水等特点。

（2）已知两点就可以确定一条直线,因而直线线形简单,容易测设。

（3）从行车的安全和线形美观来看,过长的直线,线形呆板,行车单调,安全性较差。

（4）直线难以与地形及周围环境相协调。采用过长的直线会破坏自然景观,并易造成大挖大填,工程的经济性也较差。

（5）直线型公路给人以简捷、直达、刚劲的良好印象,在美学上有其自身的视觉特点。

（二）直线长度限制

1. 直线最大长度

由于长直线的安全性差,因此在运用直线线形并确定其长度时,必须持谨慎态度。其总的原则是:公路线形应与地形相适应,与景观相协调,直线的最大长度应有所限制,当采用长直线时,为弥补景观单调的缺陷,应结合具体情况采取相应的技术措施。

2. 直线的最小长度

(1)同向曲线间的直线最小长度

①同向曲线是指两个转向相同的相邻曲线间以直线形成的平面的线形。

②同向曲线间直线长度就是指前一曲线的终点至后一曲线的起点之间的长度。

③《公路路线设计规范》(JTG D20—2006)规定,当设计速度≥60km/h 时,同向曲线间直线最小长度(以 m 计)以不小于设计速度(以 km/h 计)的 6 倍为宜;当设计速度≤40km/h 时,可参照规定执行。

(2)反向曲线间的直线最小长度

①反向曲线是指两个转向相反的相邻曲线间以直线形成的平面的线形。

②《公路路线设计规范》(JTG D20—2006)规定,当设计速度≥60km/h 时,反向曲线间的直线最小长度(以 m 计)以不小于设计速度(以 km/h 计)的 2 倍为宜;当设计速度≤40km/h 时,可参照规定执行。

(3)相邻回头曲线间的直线最小长度

①回头曲线是指山区公路为克服高差在同一坡面上回头展线时所采用的曲线。

②《公路路线设计规范》(JTG D20—2006)规定,在回头曲线之间,前一回头曲线的终点至后一回头曲线起点的距离宜满足表 5-1 的要求。

回头曲线间最小直线长度　　　　表 5-1

直线长度 公路等级	一 般 值 (m)	低 限 值 (m)
二级公路	200	120
三级公路	150	100
四级公路	100	80

(三)直线设计要求

1. 适用条件

(1)路线不受地形、地物限制的平原区或山间的开阔谷地。

(2)市镇及其邻近或规划方正的农耕区等以直线为主体的地区。

(3)为缩短构造物长度以便于施工的长大桥梁、隧道路段。

(4)为争取较好的行车和通视条件的平面交叉前后。

(5)双车道公路在适当间隔内设置一定长度的直线,以提供较好条件的超车路段。

2. 直线运用注意问题

(1)采用直线时应特别注意其与地形的关系,在运用直线并决定其长度时,必须持谨慎态度,并不宜采用长直线。

(2)长直线或长下坡尽头的平面曲线,除曲线半径、超高、视距等必须符合规定要求外,还必须采取设置标志、增加路面抗滑能力等安全措施。

(3)在长直线上纵坡不宜过大,因为长直线在陡坡下行时很容易导致超速行车。

(4)长直线与大半径凹形竖曲线组合为宜。

(5)公路两侧地形过于空旷时,宜采取种植不同树种或设置不同风格的建筑物、雕塑等措施,以改善单调的景观。

(6)关于"长直线"的量化问题,总的原则是:公路线形应该与地形相适应,与景观相协调,不强求长直线,也不硬性去掉直线而设置曲线。

(7)直线长度亦不宜过短,特别是同向圆曲线间不得设置短的直线。

二、圆曲线

(一)圆曲线的概念

圆曲线指的是道路平面走向改变方向或竖向改变坡度时所设置的连接两相邻直线段的圆弧形曲线。它是公路平面设计中最常用的线形之一。

(二)圆曲线的几何要素及计算

圆曲线的几何要素为:

切线长:
$$T = R \cdot \tan\frac{\alpha}{2}$$

曲线长:
$$L = \frac{\pi}{180}\alpha R$$

外距:
$$E = R\left(\sec\frac{\alpha}{2} - 1\right)$$

切曲差:
$$J = 2T - L$$

式中:T——切线长,m;

E——外距,m;

R——圆曲线半径,m;

L——曲线长,m;

J——切曲差(或校正值),m;

α——转角,°。

(三)圆曲线的最小半径

《公路工程技术标准》(JTG B01—2003)规定了三种圆曲线最小半径,即极限最小半径、一般最小半径和不设超高的最小半径。

1. 极限最小半径

极限最小半径是指按设计速度行驶的车辆,能保证其安全行驶的最小半径。它是设计采用的极限值。表5-2是我国《公路工程技术标准》(JTG B01—2003)中所制定的极限最小半径,是路线设计中的极限值,是在特殊困难条件下不得已才使用的,一般不轻易采用。

圆曲线极限最小半径 表5-2

设计速度(km/h)	120	100	80	60	40	30	20
横向力系数 μ_{max}	0.10	0.12	0.13	0.15	0.15	0.16	0.17
超高值 $i_{b(max)}$(%)	8	8	8	8	8	8	8
圆曲线极限最小半径(m)	650	400	250	125	55	30	15

2. 一般最小半径

一般最小半径介于极限最小半径和不设超高最小半径之间。一方面要考虑汽车以设计速度在这种小半径的曲线上行驶时的安全性、稳定性和旅客有充分的舒适性,另一方面也要注意到在地形比较复杂的情况不会过多增加工程数量。

《公路工程技术标准》(JTG B01—2003)规定了"一般最小半径",如表 5-3 所示。通常在路线设计时,圆曲线半径应尽量采用大于或等于一般最小半径。

圆曲线一般最小半径 表 5-3

设计速度(km/h)	120	100	80	60	40	30	20
横向力系数 μ	0.05	0.05	0.06	0.06	0.06	0.05	0.05
超高值 i_b(%)	6	6	7	8	7	6	6
圆曲线一般最小半径(m)	1000	700	400	200	100	65	30

3.不设超高的最小半径

在设计速度一定时,当圆曲线半径较大时,离心力则较小,此时弯道即使采用与直线相同的双向路拱断面,离心力对外侧车道上行驶汽车的影响也很小。因此,我国《公路工程技术标准》(JTG B01—2003)规定了"不设超高的最小半径",如表 5-4 所示。

不设超高的最小半径是判断圆曲线设不设超高的一个界限,当圆曲线半径大于或等于该公路等级对应的不设超高的最小半径时,圆曲线横断面采用与直线相同的双向路拱横断面,不必设计超高;反之则采用向内倾斜单向超高横断面形式。

不设超高的最小半径 表 5-4

设计速度(km/h)		120	100	80	60	40	30	20
不设超高的最小半径(m)	路拱≤2.0%	5500	4000	2500	1500	600	350	150
	路拱>2.0%	7500	5250	3350	1900	800	450	200

(四)圆曲线半径的选用

选用圆曲线半径时,应注意以下几点:

(1)在地形、地物等条件许可时,优先选用大于或等于不设超高的最小半径。

(2)一般情况下宜采用极限最小曲线半径的 4~8 倍或超高为 2%~4% 的圆曲线半径。

(3)当地形条件受限制时,应采用大于或接近一般最小半径的圆曲线半径。

(4)在自然条件特殊困难或受其他条件严格限制而不得已时,方可采用极限最小半径。

(5)《公路路线设计规范》(JTG D20—2006)规定圆曲线最大半径不宜超过 10000m。

(五)圆曲线的详细测设

1.圆曲线测设的基本要求

应按曲线上中桩桩距的规定进行加桩,即进行圆曲线的详细测设。中线测量中一般均采用整桩号法。

(1)整桩号法:将曲线上靠近曲线起点的第一个桩凑成为 10 倍数的整桩号,然后按桩距 10 连续向曲线终点设桩。这样设置的桩均为整桩号。

(2)整桩距法:从曲线起点和终点开始,分别以桩距 10 连续向曲线中点设桩,或从曲线的起点按桩距 10 设桩至终点。

(3)对中桩量距精度及桩位限差应符合规定;曲线测量闭合差也应符合规定。

2.圆曲线详细测设的方法

(1)切线支距法

建立直角坐标:以圆曲线的起点 ZY 或终点 YZ 为坐标原点,以切线为 x 轴,过原点的半径方向为 y 轴。

曲线上各点坐标 x、y 计算:设 P_i 为曲线上欲测设的点位,该点至 ZY 点或 YZ 点的弧长为 l_i,φ_i 为 l_i 所对的圆心角,R 为圆曲线半径,则 P_i 的坐标:

$$\left. \begin{array}{l} x_i = R\sin\varphi_i \\ y_i = R(1-\cos\varphi_i) \end{array} \right\} \quad (\text{其中},\varphi_i = \frac{l_i}{R} \cdot \frac{180°}{\pi})$$

(2)偏角法

偏角法是以圆曲线起点 ZY 或终点 YZ 至曲线任一待定点 P_i 的弦线与切线方向之间的弦切角(这里称为偏角)Δ_i 和弦长 c_i 来确定 P_i 点的位置。

$$\Delta_i = \frac{\varphi_i}{2} = \frac{l_i}{R} \cdot \frac{90°}{\pi}; \quad c_i = 2R\sin\frac{\varphi_i}{2}; \quad \delta_i = l_i - c_i = \frac{l_i^3}{24R^2}$$

三、缓和曲线

(一)缓和曲线的概念

设置在直线与圆曲线之间或大圆曲线与小圆曲线之间,由较大圆曲线向较小圆曲线过渡的线形。它是道路平面线形要素之一。

缓和曲线的主要特征是曲率均匀变化。

(二)设置缓和曲线的条件和目的

1. 设置缓和曲线的条件

我国《公路工程技术标准》(JTG B01—2003)规定:直线与小于不设超高的圆曲线最小半径相衔接处,应设置缓和曲线(回旋线);四级公路的直线与小于不设超高的圆曲线最小半径相衔接处,可不设置缓和曲线(回旋线),用超高、加宽缓和段径相连接。

2. 设置缓和曲线的目的

(1)有利于驾驶员操纵转向盘。

(2)消除离心力的突变,提高舒适性。

(3)完成超高和加宽的过渡。

(4)与圆曲线配合得当,增加线形美观。

(三)缓和曲线最小长度

缓和曲线最小长度应满足:

(1)使汽车平顺地由直线段过渡到到圆曲线段,并对离心力的增长有一定的限制。

(2)驾驶员操纵转向盘所需的必要时间,有利于驾驶员顺适地操纵转向盘。

(3)满足道路设置超高与加宽过渡的要求。

我国《公路工程技术标准》(JTG B01—2003)规定按设计速度来确定缓和曲线最小长度,同时考虑了行车时间和附加纵坡的要求,各级公路的缓和曲线最小长度见表5-5。

各级公路的缓和曲线最小长度 表5-5

公路等级	高速公路		一级公路		二级公路		三级公路		四级公路
设计速度(km/h)	120	100	80	100	80	60	80	60	40	30	20
缓和曲线最小长度(m)	100	85	70	85	70	50	70	50	35	25	20

注:四级公路为超高、加宽缓和段。

（四）缓和曲线的直角坐标与常数

1. 切线角

（1）缓和曲线上任意点的切线角 β_x

缓和曲线的切线角是指缓和曲线上任意点的切线与该缓和曲线起点的切线所成夹角。

通过推导可得：$\beta_x = \dfrac{l^2}{2L_sR}$

（2）缓和曲线的总切线角 β_h

当到达缓和曲线终点时，即

$$l = L_s, \quad \beta_h = \frac{L_s}{2R}$$

式中：l——从缓和曲线起点处 ZH（HZ）点至缓和曲线上任意点之弧长，m；

L_s——缓和曲线全长，m；

R——缓和曲线终点处 HY（YH）点的半径，即圆曲线半径，m；

β_x——缓和曲线任意点的切线角，rad；

β_h——缓和曲线终点处 YH（HY）的切线角，rad。

2. 缓和曲线的直角坐标（见图 5-2）

缓和曲线直角坐标为：

$$\left. \begin{array}{l} x = l - \dfrac{l^5}{40R^2L_s^2} \\ y = \dfrac{l^3}{6RL_s} - \dfrac{l^7}{336R^3L_s^3} \end{array} \right\}$$

当 $l = L_s$ 时，缓和曲线终点坐标：

$$\left. \begin{array}{l} x_h = L_s - \dfrac{L_s^3}{40R^2} \\ y_h = \dfrac{L_s^2}{6R} - \dfrac{L_s^4}{336R^3} \end{array} \right\}$$

式中：x——缓和曲线上任意点的横坐标；

y——缓和曲线上任意点的纵坐标；

x_h——缓和曲线终点处的横坐标；

y_h——缓和曲线终点处的纵坐标。

3. 缓和曲线的常数

为了在直线和圆曲线之间设置缓和曲线，必须将原来的圆曲线向内移动，才能使缓和曲线的起点切于直线上，而缓和曲线的终点又与圆曲线相切，见图 5-3。

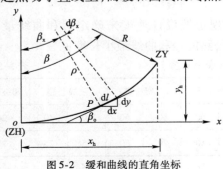

图 5-2 缓和曲线的直角坐标

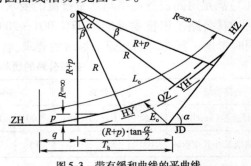

图 5-3 带有缓和曲线的平曲线

(1) p 和 q

设有缓和曲线的圆曲线起点(终点)至缓和曲线起点距离为 q、圆曲线内移距离为 p，内移圆曲线半径为 R，通过推导可知：

$$p = \frac{L_s^2}{24R}$$

$$q = \frac{L_s}{2} - \frac{L_s^3}{240R^2}$$

(2) T_d 和 T_k

若缓和曲线起点、终点的切线相交，交点至缓和曲线起点的距离为 T_d、至缓和曲线终点的距离为 T_k，则可得：

$T_d = X_h - Y_h \cot\beta$ 展开并化简得：$T_d = \frac{2}{3}L_s + \frac{11L_s^3}{360R^2}$

$T_k = Y_h - Y_h \csc\beta$ 展开并化简得：$T_k = \frac{1}{3}L_s + \frac{L_s^3}{126R^2}$

(3) C_h 和 Δ_h

如图5-4所示，缓和曲线的长弦 C_h（又称动弦）与横轴的夹角为 Δ_h，即缓和曲线的总偏角。

缓和曲线上任意点的偏角：$\Delta = \frac{\beta}{3}\left(\frac{l}{L_s}\right)^2$；当 $l = L_s$ 时，$\Delta_h = \frac{\beta}{3}$。

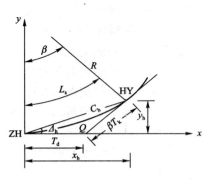

图5-4 缓和曲线要素

缓和曲线的长弦：$C_h = x_h \sec\Delta_h$

$$C_h = x_h \sec\Delta_h = L_s - \frac{L_s^3}{90R^2}$$

缓和曲线终点切线的确定还可以采用以下的方法：将仪器置于 HY 点（或 YH 点），照准 ZH 点（或 HZ 点）归零，拨 $\frac{2\beta}{3}$，即为 HY 点（或 YH 点）的切线。

(4) 有缓和曲线的公路平曲线

公路平面线形的基本组合是：直线—缓和曲线—圆曲线—缓和曲线—直线，其带有缓和曲线的平曲线几何元素的计算公式如下：

①单交点（对称型）。

a. 缓和曲线常数：

缓和曲线的切线角：$\beta = \frac{L_s}{2R} \cdot \frac{180}{\pi}$

未设缓和曲线圆曲线的起点至缓和曲线起点的距离：$q = \frac{L_s}{2} - \frac{L_s^3}{240R^2}$

设有缓和曲线后圆曲线的内移值：$p = \frac{L_s^2}{24R}$

b. 平曲线几何要素计算：

平曲线切线长：$T_h = (R + p)\tan\frac{\alpha}{2} + q$

平曲线中的圆曲线长：$L' = (\alpha - 2\beta)\dfrac{\pi}{180}R$

平曲线总长：$L_H = (\alpha - 2\beta)\dfrac{\pi}{180}R + 2L_s$

外距：$E_H = (R+p)\sec\dfrac{\alpha}{2} - R$

超距：$D_\pi = 2T_H - L_H$

② 双交点。

a. 同向两个交点按虚交法设计一个单曲线的情形。

$$a = \dfrac{\sin\alpha_A}{\sin\alpha_B} \cdot AB \qquad b = \dfrac{\sin\alpha_B}{\sin\alpha_A} \cdot AB$$

$$T_A = T - b \qquad T_B = T - a$$

式中：a、b——虚交三角形边长，m；

$\quad AB$——辅助交点间距，即辅助基线长，由实测求得，m；

$\quad \alpha_A$、α_B——辅助交点转角，由实测求得；

$\quad T_A$、T_B——辅助交点至曲线起、终点距离，m；

$\quad T$——按单交点曲线计算的切线长，m；

$\quad \alpha$——路线转角，$\alpha = \alpha_A + \alpha_B$。

b. 两个同向交点按切基线设计成一个单曲线的情形，如图 5-5 所示。

当平曲线不设缓和曲线时：

$$T_1 = R\tan\dfrac{\alpha_1}{2} \qquad T_2 = R\tan\dfrac{\alpha_2}{2}$$

$$T_1 + T_2 = R\tan\dfrac{\alpha_1}{2} + R\tan\dfrac{\alpha_2}{2} \qquad R = \dfrac{T_1 + T_2}{\tan\dfrac{\alpha_1}{2} + \tan\dfrac{\alpha_2}{2}}$$

计算出圆曲线半径 R 后，就可以按单圆曲线计算。

当平曲线设有缓和曲线时：

通常，由于 AB 的长度已知，设计双交点曲线方式为选定缓和曲线长度 L_s，反求圆曲线半径，如图 5-6 所示。

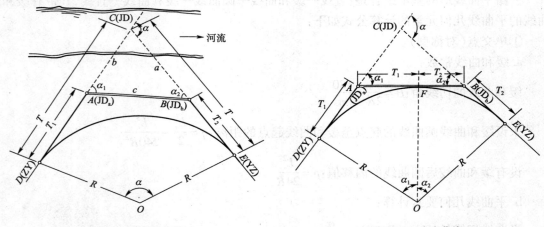

图 5-5　虚交单曲线　　　　　　　　　图 5-6　双交点曲线

由：
$$AB = (R+p)\tan\frac{\alpha_A}{2} + (R+p)\tan\frac{\alpha_B}{2}$$

可以得以下求解公式：
$$24R^2 - 24\frac{AB}{\tan\frac{\alpha_A}{2}+\tan\frac{\alpha_B}{2}}R + L_s^2 = 0$$

可确定圆曲线半径 R。

（五）缓和曲线的省略条件

(1) 四级公路无论圆曲线半径的大小可不考虑设计缓和曲线。

(2) 在直线和圆曲线间当圆曲线半径大于或等于"不设超高最小半径"时，缓和曲线无条件省略。

(3) 半径不同的圆曲线径相连接处，应设置缓和曲线，但符合下述条件时可以省略不设缓和曲线。

①小圆半径大于所列"不设超高最小半径"时。

②小圆半径大于表 5-6 所列"小圆临界半径"，且符合下列条件之一时：

a. 小圆曲线按规定设置相当于最小回旋线长的回旋线时，其小圆与大圆的内移值之差不超过 0.1m。

b. 设计速度 ≥80km/h 时，大圆半径（R_1）与小圆半径（R_2）之比小于 1.5。

c. 设计速度 <80km/h 时，大圆半径（R_1）与小圆半径（R_2）之比小于 2。

复曲线中的小圆临界半径　　　　表 5-6

公路等级	高速公路			一级公路			二级公路		三级公路	
设计速度(km/h)	120	100	80	100	80	60	80	60	60	30
临界曲线半径(m)	2100	1500	900	1500	900	500	900	500	250	130

（六）缓和曲线的运用

设置缓和曲线的作用是缓和人体感到的离心加速度的急剧变化，且使驾驶员容易做到顺适地操纵转向盘，提高视觉的平顺度，保持线形的连续性。

在运用回旋线时应注意以下两点：

(1) 当圆曲线半径 R 较大或接近于 100m 时，回旋线参数应取等于 R；当 R 小于 100m 时，则取 A 等于或大于 R。

(2) 当圆曲线半径 R 较大或接近于 3000m 时，回旋线参数 A 应取等于 $\frac{R}{3}$；当 R 大于 3000m 时，则取 A 小于 $\frac{R}{3}$。

（七）带有缓和曲线的平曲线的详细测设

1. 切线支距法

切线支距法是以直缓点 ZH 或缓直点 HZ 为坐标原点，以过原点的切线为 x 轴，过原点的半径为 y 轴，利用缓和曲线和圆曲线上各点的 x、y 坐标测设曲线。

在算出缓和曲线和圆曲线上各点的坐标后，即可按圆曲线切线支距法的测设方法进行设置。

2. 偏角法

P 点的弦偏角 δ 与弦长 a(或 $c = \sqrt{x^2 + y^2}$)。

3. 极坐标法

(1) 极坐标法原理。

坐标测设的基本原理是以控制导线为根据,以角度和距离交会定点。

说明:如图 5-7 所示,在导线点 T_i 置仪,后视 T_{i-1}(或 T_{i+1}),待放点为 P。图 5-7a)为采用夹角 J 的放样法,图 5-7b)为采用方位角 A 的放样法。只要算出夹角 J 或方位角 A 和置仪点 T_i 到待放点 P 的距离 D,就可在实地放出 P 点。

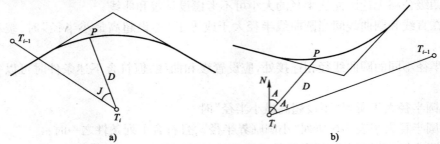

图 5-7 极坐标法原理

(2) 计算方法。

极坐标测设测站点的坐标 $T_i(x_0,y_0)$ 和后视点的坐标 $T_{i-1}(x_h,y_h)$ 可按导线坐标计算法得出,路线中线上任一待放点的坐标 $P(x,y)$ 可按道路中线逐桩坐标的计算法得出,视为已知。放样数据 D、A、J 可用坐标反算求出。据此拨角测距即可放出待放点 P。

 工程实例

【例 5-1】 采用切线支距法并按整桩号法设桩,试计算各桩坐标。切线支距法计算见表 5-7。

切线支距法计算表　　　　　　　　　表 5-7

桩　号	各桩至 ZY 或 YZ 的曲线长度 l_i(m)	圆心角 φ_i	x_i(m)	y_i(m)
ZY K3+114.05	0	0°00′00″	0	0
+120	5.95	1°08′11″	5.95	0.06
+140	25.95	4°57′22″	25.92	1.12
+160	45.95	8°46′33″	45.77	3.51
+180	65.95	12°35′44″	65.42	7.22
QZ K3+181.60				
+200	49.14	9°23′06″	48.92	4.02
+220	29.14	5°33′55″	29.09	1.41
+240	9.14	1°44′44″	9.14	0.14
YZ K3+249.14	0	0°00′00″	0	0

【例 5-2】 采用偏角法按整桩号设桩,计算各桩的偏角和弦长。偏角法计算见表 5-8。

偏角法计算表　　　　　　　表 5-8

桩　号	各桩至 ZY 或 YZ 的曲线长度 l_i(m)	偏角值 (° ′ ″)	偏角读数 (° ′ ″)	相邻桩间弧长 (m)	相邻桩间弦长 (m)
ZYK3+114.05	0	0　00　00	0　00　00	0	0
+120	5.95	0　34　05	0　34　05	5.95	5.95
+140	25.95	2　28　41	2　28　41	20	20.00
+160	45.95	4　23　16	4　23　16	20	20.00
+180	65.95	6　17　52	6　17　52	20	20.00
QZ K3+181.60	67.55	6　27　00	6　27　00	1.60	1.60
			353　33　00	18.40	18.40
+200	49.14	4　41　33	355　18　27	20	20.00
+220	29.14	2　46　58	357　13　02	20	20.00
+240	9.14	0　52　22	359　07　38	9.14	9.14
YZ K3+249.14	0	0　00　00	0　00　00	0	0

 **任务实施**

学　习　任　务　单

项目名称	定线	任务名称	平曲线测设	任务学时	4 学时
任务给定 (与职业标准 相对应)		任务目标	完成某三级公路平曲线设置		
		任务要求	1. 职业能力:平曲线设置的原则、要点、步骤与方法。 2. 职业素养:职业态度,沟通合作,组织与协调能力		
		任务目标分析	1. 平曲线设置的原则; 2. 平曲线设置的要点; 3. 平曲线设置的步骤与方法; 4. 培养科学规范、严谨求实、团结协作、组织沟通、实践创新能力		
任务分析	路线平曲线设置按公路等级要求完成,高等级公路或特殊路段按之上定线完成				
相关知识学习		相关知识点	测量学基本认识、路线平曲线设置的原理、知识;熟悉国家现行规范对平曲线设置的要求,计算平曲线要素及校正		
		学习方式	讲解平曲线设置原理,推导计算公式;绘制路线平面示意图,按照规范要求计算平曲线主点要素以及校正		
任务实施	1. 认真熟悉国家现行规范对平曲线设置的要求; 2. 按平曲线设置的要求和实际地形在测量基地进行实地分析; 3. 按平曲线设置的要求和实际地形进行合理设置平曲线; 4. 按照规范要求计算平曲线主点要素以及校正; 5. 绘制路线平面示意图				

续上表

技术指导	1. 在实测完成后针对疑难问题进行专项操作练习； 2. 实测注意事项：平曲线设置应综合考虑线形工程数量等因素；注意曲线与直线径相相接，曲线与曲线径相相接的要求； 3. 教师写任务小结，学生写任务报告	
知识链接	1. 教师与学生共同讨论、学习、总结、提高； 2. 学习高等级公路的曲线设置(纸上定线)	
任务测评	测评方式	1. 知识题与操作题考核； 2. 个人评价、小组互评、教师过程评价综合评定成绩
	测评标准	1. 平曲线设置是否符合公路等级要求(10分)； 2. 平曲线各项要素是否符合规范要求(20分)； 3. 能独立完成某三级公路的平曲线设置(40分)； 4. 实测过程符合科学、规范、严谨、协作的要求(10分)； 5. 任务报告及时上交，内容符合要求，书写整齐，绘图准确(20分)
成果要求	1. 报告主要包括任务名称、任务目标、实施计划、任务实施保障、实施过程、任务小结等部分； 2. 要用尺子和铅笔或计算机绘制实施示意图； 3. 任务小结主要说明实施过程中的难点、解决办法及心得体会； 4. 报告要求字迹工整、表述清楚，也可采用计算机打印并及时上交	

任务六　路线平面测设——路线中线放样

任务描述

路线中线放样是通过直线和曲线的测设,将道路中心线的平面位置测设到地面上,并测出其里程。即测设直线、圆曲线或缓和曲线上的中桩。

确定了某新建公路工程的曲线以后(如图6-1),线形应该是直线段—曲线段—直线段—曲线段—直线段。如何将设计的一条路线在现场放样?

学习目标

1. 理解公路中线放样的过程。
2. 掌握公路中线放样的方法。

知识链接

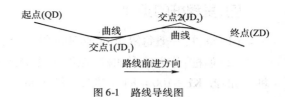

图6-1　路线导线图

一、实地放线的方法

实地放线的常用方法有放点穿线法和拨角放线法(极坐标法)。

1. 放点穿线法

放点穿线法的程序为:放直线点—穿线—定交点。

(1)放直线点。可用支距法(垂直于导线边的距离)、导线相交法及极坐标法进行。如图6-2。

注:1、2、4、6点采用支距法;3点采用导线相交法;5点采用极坐标法。

(2)穿线。

(3)定交点(图6-3)。将穿出的直线延长,得交点JD。正倒镜分中法:在B点架仪,盘左瞄准A,倒镜定a_1、b_1点;盘右瞄准A点,倒镜定a_2、b_2点;取a_1、a_2点中点a,b_1、b_2点的中点b。同理可定出CD方向可定出c、d两点。(骑马桩)。图6-3所示,将线段ab、cd相交,得交点JD。

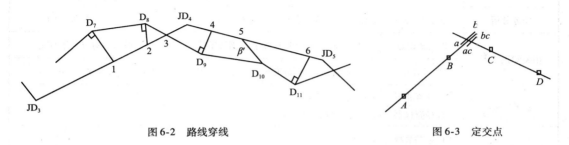

图6-2　路线穿线　　　　　　　　　　图6-3　定交点

2. 拨角放线法(极坐标法)

在利用导线点或已测设的JD,计算测设元素(β,S),其中β为拨角,S量边,定出JD位置。

二、路线控制桩位固定

在测设过程中,为避免交点桩的丢失及方便以后施工时寻找,交点桩在定测时必须加以固定和保护。交点桩的保护,一般采用就地灌注混凝土的办法进行。混凝土的尺寸一般深 30~40cm,直径 15~20cm 或 10~20cm。固桩则是将交点桩与周围固定物(如房角、电杆、基岩、孤石等)上某一不易破坏(损坏)的点联系起来,通过测定该点与交点桩的直线距离,将交点位置确定下来,以便今后点桩丢失时及时恢复该交点桩。

三、里程桩的设置

里程桩又称中桩,表示该桩至路线起点的水平距离。如:K7+814.19 表示该桩距路线起点的里程为 7814.19m。

四、里程桩的类型

(1)整桩:一般每隔 20m 或 50m 设一个。
(2)加桩:分为地形加桩、地物加桩、人工结构物加桩、工程地质加桩、曲线加桩和断链加桩。如:改 K1+100 = K1+080,长链 20m。

五、里程桩的书写及钉设

所有中桩均应写明桩号和编号;钉桩时一般露出地面 5cm 左右,桩号朝起点方向。

 任务实施

学 习 任 务 单

项目名称	公路中线放样		任务名称	中线放样	任务学时	4学时
任务给定 (与职业标准 相对应)		任务目标	完成某三级公路中线放样			
		任务要求	1. 职业能力:公路中线放样的原则、要点、步骤与方法; 2. 职业素养:职业态度,沟通合作,组织与协调能力			
		任务目标分析	1. 公路中线放样的原则; 2. 公路中线放样的要点; 3. 公路中线放样的步骤与方法; 4. 培养科学规范、严谨求实、团结协作、组织沟通、实践创新能力			
任务分析	公路中线放样按规范要求,从起点到终点每 20m 打一个中桩,确定曲线部分的曲线要素桩					
相关知识学习		相关知识点	测量学基本认识、直线定向、距离测量原理、导线知识的结构与工作原理			
		学习方式	了解直线定向、距离测量原理,公路中线放样原则、要点、步骤与方法			
任务实施	1. 认真熟悉直曲表、逐桩坐标表; 2. 检查仪器,准备好中桩放样的木桩					
技术指导	1. 中桩放样注意事项; 2. 全站仪架设要规范,棱镜架竖直,皮尺要拉平; 3. 打中桩位置要准确,防止中线偏位,每 100m 用全站仪精确测距; 4. 教师写任务小结,学生写任务报告					

续上表

知识链接	1. 教师与学生共同讨论、学习、总结、提高； 2. 学习高等级公路的曲线设置(纸上定线)	
任务测评	测评方式	1. 知识题与操作题考核(口试和操作)； 2. 个人评价、小组互评、教师过程评价综合评定成绩
	测评标准	1. 仪器选择正确(10 分)； 2. 操作无误,能正确使用仪器(40 分)； 3. 能完成中桩放样任务(40 分)； 4. 中桩放样过程符合科学、规范、严谨、协作的要求(10 分)
成果要求	1. 报告主要包括任务名称、任务目标、实施计划、任务实施保障、实施过程、任务小结等部分； 2. 任务小结主要说明实施过程中的难点、解决办法及心得体会； 3. 报告要求字迹工整、表述清楚,也可采用计算机打印并及时上交	

任务七　路线纵断面测量——水准点布设

任务描述

水准点(Bench Mark,简称 BM)是在高程控制网中用水准测量的方法测定其高程的控制点。一般分为永久性和临时性两大类。永久性的水准点是在控制点处设立永久性的水准点标石,标石埋设于地下一定深度,也可以将标志直接灌注在坚硬的岩石层上或坚固的永久性的建筑物上,以保证水准点能够稳固安全、长久保存以及便于观测使用。

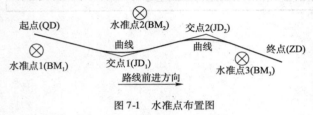

图 7-1　水准点布置图

具体任务:某新建公路工程,为方便设计和施工中中平测量,通常情况下要在沿线每隔 1km 左右设置水准点,如图 7-1 所示。我们的任务是按照水准点布设要求建立这些水准点,并确定它可以使用。

学习目标

1. 掌握水准点布设的要求。
2. 掌握合理布设水准点的方法。

知识链接

一、水准点的分类和设置

道路沿线可布设永久性水准点和临时性水准点。水准点用"BM"标注,并注明编号、水准点高程、测设单位及埋设的年月。

①永久性水准点设置。在路线的起终点、大桥两岸、隧道两端以及一些需要长期观测高程的重点工程附近均应设置永久性水准点,在一般地区也应每隔适当距离设置一个。永久性水准点应为混凝土桩,也可在牢固的永久性建筑物顶面凸出处设置,点位用红油漆画上"⊠"记号;山区岩石地段的水准点桩可利用坚硬稳定的岩石并用金属标志嵌在岩石上。混凝土水准点桩顶面的钢筋应锉成球面。

②临时性水准点设置。临时性水准点可埋设大木桩,顶面钉入大铁钉作为标志,也可设在地面凸出的坚硬岩石或建筑物墙角处,并用红油漆作标志。

二、水准点布设的密度

①水准点沿路线布设宜设于道路中线两侧 50～300m 范围之内。
②水准点布设间距宜为 1～1.5km;山岭重丘区可根据需要适当加密为 1km 左右;大桥、隧道洞口及其他大型构造物两端应按要求增设水准点。

任务八　路线纵断面测量——基平测量

　任务描述

基平测量工作主要是沿线设置水准点,并测定其高程,建立路线高程控制网,作为中平测量、施工放样及竣工验收的依据。

某新建公路工程,为方便路线上的测量,通常情况下要在沿线设置水准点,如图 8-1 所示。我们的任务是将这些布设好的水准点的高程,根据基平测量方法确定每个水准点的高程。

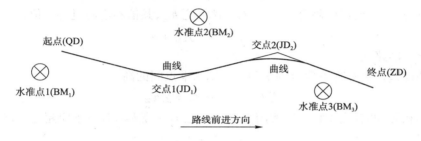

图 8-1　水准点布置图

　学习目标

1. 掌握基平测量的意义。
2. 掌握基平测量的方法。

　知识链接

一、水准路线

在两个水准点之间进行水准测量所经过的路线称为水准路线。

1. 闭合水准路线

从某一已知水准点 BM_I 开始,沿各高程待定的水准点 1、2、3、4 进行水准测量,最后仍回到原水准点 BM_I,称为闭合水准路线。

2. 附合水准路线

从某一已知水准点 BM_I 出发,沿各高程待定的水准点 1、2、3 进行水准测量,最后附合到另一个已知高程的水准点 BM_{II} 上,称为附合水准路线。

3. 支水准路线

从某一已知水准点 BM_I 出发,沿各高程待定的水准点 1、2 进行水准测量,其路线既不闭合又不附合,称为支水准路线。

二、水准等级

水准等级分为六级,即一、二、三、四、五、图根(等外)。

说明：

（1）一等水准网是国家高程控制网的骨干。二等水准网布设于一等水准环内，是国家高程控制网的全面基础。三、四等水准网为国家高程控制网的进一步加密。建立国家高程控制网，采用精密水准测量的方法。

（2）城市首级高程等级：二等42%；三等42%；四等16%。

（3）各级公路及构造物的水准测量等级应按规范要求选定。

三、成果检核

1. 闭合水准路线

各段高差的代数和（$\sum h_测$）理论值应等于零：

$$\sum h_理 = H_A - H_A = 0$$

如果不等于零，便产生闭合差，$f_h = H_A - H_A - \sum h_测$，其值不应超过容许值：

$$|f_h| \leq |f_{h容}|$$

2. 附合水准路线

各段的高差代数和理论值应等于两端已知水准点间的高差：

$$\sum h_理 = H_A - H_B = \sum h_测$$

如果不相等，两者之差称为高程闭合差，$f_h = \sum h_测 - \sum h_理$，其值不应超过容许值：

$$|f_h| \leq |f_{h容}|$$

3. 支水准路线

往返高差的代数和理论值应为零（往测高差总和与返测高差总和绝对值应相等而符号相反）：

$$\sum h_往 + \sum h_返 = 0$$

如果不等于零，便产生闭合差，$f_h = \sum h_往 + \sum h_返$，其值不应超过容许值：

$$|f_h| \leq |f_{h容}|$$

公路水准测量容许值符合表8-1的规定。

公路水准测量容许值 表8-1

等级	往返较差、附合或环线闭合差（mm）		检测已测测段高差之差（mm）
	平原微丘区	山岭重丘区	
三等	$\pm 12\sqrt{L}$	$\pm 3.5\sqrt{n}$或$\pm 15\sqrt{L}$	$\pm 20\sqrt{L_i}$
四等	$\pm 20\sqrt{L}$	$\pm 6.0\sqrt{n}$或$\pm 25\sqrt{L}$	$\pm 30\sqrt{L_i}$
五等	$\pm 30\sqrt{L}$	$\pm 45\sqrt{L}$	$\pm 40\sqrt{L_i}$

注：计算往返较差时，L为水准点间的路线长度（km）；计算附合或环线闭合差时，L为附合或环线的路线长度（km）。n为测站数。L_i为检测段长度（km）。

四、基平测量

1. 基平测量的方法

（1）路线：附合水准路线。

（2）仪器：水准仪应不低于DS_3精度。全站仪的竖直角观测精度不大于$2''$，标称精度不低于$(5+5\times10^{-6}D)$mm。

(3)测量要求:水准测量一般按三、四等水准测量规范进行。如要进行往返测,闭合差不超过$\pm 20\sqrt{L}$mm。

(4)三角高程测量:一般按全站仪电磁波三角高程测量(四等)规范进行。

2. 基平测量方案

(1)应将起始水准点与附近国家水准点进行联测,以获取绝对高程,并对测量结果进行检测。如有可能,应构成附合水准路线。

(2)当路线附近没有国家水准点,或引测困难时,则可参考地形图或用气压表选定一个与实际高程接近的高程作为起始点水准点的假定高程。

(3)水准点的高程测定应根据水准测量的等级选定水准仪及水准尺类型,通常采用一台水准仪在水准点间作往返观测,也可用两台水准仪作单程观测。

(4)基平测量时,采用一台水准仪往返观测或两台水准仪单程观测所得高差误差应符合水准测量的精度要求,且不得超过容许值。

工程实例

如图8-2为按图根水准测量要求施测某附合水准路线观测成果略图。BM_A和BM_B为已知高程的水准点,图中箭头表示水准测量前进方向,路线上方的数字为测得的两点间的高差(单位:m),路线下方数字为该段路线的长度(单位:km),试计算待定点1、2、3点的高程。

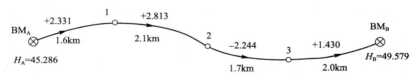

图8-2 附合水准路线观测成果略图

解算如下:

第一步,计算高差闭合差:$f_h = \sum h_{测} - (H_{终} - H_{始}) = 4.330 - 4.293 = 37$mm

第二步,计算限差:$f_{h容} = \pm 40\sqrt{L} = \pm 40\sqrt{7.4} = \pm 108.8$mm

因为$|f_h| < |f_{h容}|$,可进行闭合差分配。

第三步,计算每公里改正数:$V_0 = \dfrac{-f_h}{L} = -5$mm/km

第四步,计算各段高差改正数:$V_i = V_0 \cdot n_i$。四舍五入后,使$\sum v_i = -f_h$。

故有:$V_1 = -8$mm,$V_2 = -11$mm,$V_3 = -8$mm,$V_4 = -10$mm。

第五步,计算各段改正后高差后,计算1、2、3各点的高程。

$$改正后高差 = 改正前高差 + 改正数 V_i$$

$$H_1 = H_{BM_A} + (h_1 + V_1) = 45.286 + 2.323 = 47.609\text{m}$$
$$H_2 = H_1 + (h_2 + V_2) = 47.609 + 2.802 = 50.411\text{m}$$
$$H_3 = H_2 + (h_3 + V_3) = 50.411 - 2.252 = 48.159\text{m}$$
$$H_{BM_B} = H_3 + (h_4 + V_4) = 48.159 + 1.420 = 49.579\text{m}$$

 任务实施

学习任务单

项目名称	公路中线测量		任务名称	基平测量	任务学时	4学时
任务给定（与职业标准相对应）		任务目标	完成某三级公路基平测量			
		任务要求	1.职业能力：基平水准点布设的原则、基平测量和中平测量要点、步骤与方法； 2.职业素养：职业态度,沟通合作,组织与协调能力			
		任务目标分析	1.基平控制点布设要点； 2.基平测量步骤与方法； 3.培养科学规范、严谨求实、团结协作、组织沟通、实践创新能力			
任务分析			基平测量按规范精度要求完成,应往返测量			
相关知识学习		相关知识点	测量学基本认识、平面控制测量原理、导线知识、水准仪、误差分析与数据处理			
		学习方式	基平测量原则、要点、步骤与方法			
任务实施			1.认真熟悉、检查仪器,并准备好记录本； 2.按往返测量在测量基地进行水准点间实测,记录观测数据； 3.做好水准点位置记录			
技术指导			1.在实测完成后针对疑难问题进行专项操作练习； 2.实测注意事项；确定转点位置要合理；仪器架设要规范,观测要精确,保证人员、仪器安全； 3.教师写任务小结,学生写任务报告			
知识链接			1.教师与学生共同讨论、学习、总结、提高； 2.学习高等级公路的曲线设置(纸上定线)			
任务测评		测评方式	1.知识题与操作题考核(口试和操作)； 2.个人评价、小组互评、教师过程评价综合评定成绩			
		测评标准	1.仪器选择正确(10分)； 2.操作无误,能正确使用仪器(40分)； 3.能完成中桩测量任务(40分)； 4.实测过程符合科学、规范、严谨、协作的要求(10分)			
成果要求			1.报告主要包括任务名称、任务目标、实施计划、任务实施保障、实施过程、任务小结等部分； 2.任务小结主要说明实施过程中的难点、解决办法及心得体会； 3.报告要求字迹工整、表述清楚,也可采用计算机打印并及时上交			

任务九　路线纵断面测量——中平测量

任务描述

测定路线中桩处的高程,绘制纵断面图,为路线设计提供基础资料。

某新建公路工程中平测量如图 9-1。我们的任务是根据已完成的基平测量,确定路线上每 20m 的桩号的高程,曲线上要加密。

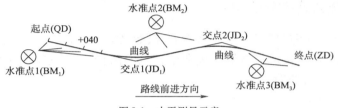

图 9-1　中平测量示意

学习目标

1. 掌握中平测量意义。
2. 掌握中平测量方法。

知识链接

一、中平测量概述

(1)中平测量的概念

以两个相邻水准点为一测段,从一个水准点开始,逐个测定中桩的地面高程,直至闭合于下一个水准点上。

(2)转点设置

仅起传递高程的作用,这些点称为转点,常用简写 ZD。由于转点起着传递高程的作用,在测站上应先观测转点,后观测中间点。

(3)中间点

相邻两转点间所观测的中桩,称为中间点,其读数为中视读数。

说明:两条路线,在每一个测站上,除了传递高程,观测转点外,应尽量多地观测中桩。相邻两转点间所观测的中桩,称为中间点,其读数为中丝读数。转点读数至毫米(mm),视线长不应大于 150mm,水准尺应立于尺垫、稳固的桩顶或坚石上。中间点读数可至厘米(cm),视线也可适当放长,立尺应紧靠桩边的地面上。

二、用水准仪进行中平测量

(1)定义:在基平测量后提供的水准点高程的基础上,测定各个中桩的高程。

(2)方法:从一个水准点出发,按普通水准测量的要求,用"视线高法"测出该测段内所有中桩的地面高程,最后附合到另一个水准点上。如图 9-2 所示。

高差闭合差的限差:高速公路、一级公路为 $\pm 30\sqrt{L}$ mm;二级及二级以下公路为 $\pm 50\sqrt{L}$ mm。

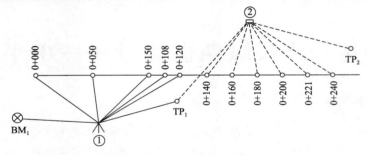

图 9-2 中平测量

三、用全站仪进行中平测量

在安置全站仪后,将置仪点的地面高程 H、仪器高 i、棱镜高 L 直接输入全站仪,在中桩放样完成的同时,就可直接从显示屏中读取中桩点的高程。高程测量的数据也可存入仪器并在需要时调入计算机处理。

施测中的注意事项:
(1)应合理选择全站仪安置点。
(2)安置全站仪只需整平,不需对中,不需要量取仪器高。
(3)对在一个测站上观测不到的中桩点,可适当移动仪器位置。
(4)转点的设置应尽量使仪器至转点和至后视已知高程控制点的距离大致相等。

 工程实例

【例】 水准仪置于 I 站,后视水准点 BM_1,前视转点 ZD_1,将读数记入表后视、前视栏内;观测 BM_1 与 ZD_1 间的中间点 $K0+000$、$K0+020$、$K0+040$、$K0+060$、$K0+080$,将读数记入中视栏;将仪器搬至 II 站,后视转点 ZD_1,前视转点 ZD_2,然后观测各中间点 $K0+100$、$K0+120$、$K0+140$、$K0+160$、$K0+180$,将读数分别记入后视、前视和中视栏。按上述方法继续前测,直至闭合于水准点 BM_2,中平测量只作单程测量。

(1)记录(见表 9-1)

中平测量记录表　　　　　　　　　表 9-1

测点	水准尺读数(m)			视线高程(m)	高程(m)	备 注
	后视	中视	前视			
BM_1	2.191			514.505	512.314	
K0+000		1.62			512.89	
+020		1.90			512.61	
+040		0.62			513.89	BM_1 高程为基平所测,基平测得 BM_2 高程为 524.824
+060		2.03			512.48	
+080		0.90			513.61	
ZD_1	3.162		1.006	516.661	513.499	
+100		0.50			516.16	
+120		0.52			516.14	

续上表

测点	水准尺读数(m)			视线高程(m)	高程(m)	备 注
	后视	中视	前视			
+140		0.82			515.84	BM$_1$ 高程为基平所测,基平测得 BM$_2$ 高程为 524.824
+160		1.20			515.46	
+180		1.01			515.65	
ZD$_2$	2.246		1.521	517.386	515.140	
…	…	…	…	…	…	
K1+240		2.32			523.06	
BM$_2$			0.606		524.782	

（2）复核

复核：$f_{h容} = \pm 50\sqrt{L} = \pm 50\sqrt{1.24} = \pm 56\text{mm}(L = \text{K1}+240 - \text{K0}+000 = 1.24\text{km})$

$\Delta h_{基} = 524.824 - 512.314 = 12.51\text{m}$

复核：$\Delta h_{中} = 524.782 - 512.314 = 12.468\text{m}$

$\sum a - \sum b = (2.191 + 3.162 + 2.246 + \cdots) - (1.006 + 1.521 + \cdots + 0.606)$
$= 12.468\text{m}$

$\Delta h_{基} - \Delta h_{中} = 12.51 - 12.468 = 0.042\text{m} = 42\text{mm} < f_{h容}$，精度符合要求。

说明：一测段观测结束后,应计算测段高差 $\Delta h_{中}$。它与基平所测测段两端水准点高差 $\Delta h_{基}$ 之差,称为测段高差闭合差 f_h。测段高差闭合差应符合中桩高程测量精度要求,否则应重测。中桩高程测量的精度要求,其容许误差：高速公路、一级公路为 $\pm 30\sqrt{L}\text{mm}$；二级及二级以下公路为 $\pm 50\sqrt{L}\text{mm}$。中桩高程检测限差：高速公路、一级公路为 $\pm 5\text{cm}$；二级及二级以下公路为 $\pm 10\text{cm}$。中桩高程测量：对需要特殊控制的建筑物、铁路轨顶等,应按规定测出其高程,检测限差为 $\pm 2\text{cm}$。

（3）计算

中桩的地面高程以及前视点高程应按所属测站的视线高程进行计算。

每一测站的计算按下列公式进行：

$$视线高程 = 后视点高程 + 后视读数$$
$$中桩高程 = 视线高程 - 中视读数$$
$$转点高程 = 视线高程 - 前视读数$$

任务实施

学 习 任 务 单

项目名称	公路中线测量	任务名称	中平测量	任务学时	4 学时
任务给定（与职业标准相对应）	任务目标	完成某三级公路中线测量			
	任务要求	1.职业能力：中平测量要点、步骤与方法；2.职业素养：职业态度,沟通合作,组织与协调能力			
	任务目标分析	1.中平测量要点、步骤与方法；2.培养科学规范、严谨求实、团结协作、组织沟通、实践创新能力			

续上表

任务分析		公路中线测量应按规范精度要求完成,需往返测量
相关知识学习	相关知识点	测量学基本认识、平面控制测量原理、导线知识、水准仪、误差分析与数据处理
	学习方式	公路中线测量原则、要点、步骤与方法
任务实施		1.认真熟悉、检查仪器,并准备好记录本; 2.按往返测量在测量基地进行水准点间实测,记录观测数据; 3.做好水准点位置记录
技术指导		1.在实测完成后针对疑难问题进行专项操作练习; 2.实测注意事项:确定转点位置要合理;仪器架设要规范、观测要精确、保证人员、仪器安全; 3.教师写任务小结,学生写任务报告
知识链接		1.教师与学生共同讨论、学习、总结、提高; 2.学习高等级公路的曲线设置(纸上定线)
任务测评	测评方式	1.知识题与操作题考核(口试和操作); 2.个人评价、小组互评、教师过程评价综合评定成绩
	测评标准	1.仪器选择正确(10分); 2.操作无误,能正确使用仪器(40分); 3.能完成中桩测量任务(40分); 4.实测过程符合科学、规范、严谨、协作的要求(10分)
成果要求		1.报告主要包括任务名称、任务目标、实施计划、任务实施保障、实施过程、任务小结等部分; 2.任务小结主要说明实施过程中的难点、解决办法及心得体会; 3.报告要求字迹工整、表述清楚,也可采用计算机打印并及时上交

任务十 路线横断面测量

任务描述

现有某矿区新建公路项目,经过一段时间的外业勘测,平面测量和纵断面测量已经完成,该公路经测设总长为30.688km,中桩放样已经结束,现需要为内业设计横断面图中原地面线的绘制提供原始数据,进行横断面测量,即调查垂直于道路中线地面起伏情况。

具体任务:某矿区新建公路项目,沿线30.688km的整桩处(整桩20m一个桩号)和加桩处(地形变化点、结构物设置点、曲线加桩点等)全部进行横断面测量,并按照规范格式记录原始数据。

学习目标

1. 了解横断面测量原则。
2. 掌握横断面测量要点以及记录方法。
3. 熟悉横断面测量步骤与方法。

知识链接

一、横断面概述

公路横断面图是公路中线的法线方向剖面图。它是由横断面设计线和横断面地面线所围成的图形。公路横断面设计线一般包括行车道、路肩、分隔带、边沟、边坡、截水沟、护坡道、取土坑、弃土堆和环境保护等设施。

(1)公路横断面设计:根据行车对公路的要求,结合当地的地形、地质、气候、水文等自然因素,确定横断面的形式、各组成部分的位置和尺寸。

(2)公路横断面设计的目的:保证足够的断面尺寸、强度和稳定性,使之经济合理,同时为路基土石方工程数量计算、公路的施工和养护提供依据。

(3)路基标准横断面:交通运输部根据设计交通量、交通组成、设计车速、通行能力和满足交通安全的要求,按公路等级、断面的类型、路线所处地形规定的路基横断面各组成部分横向尺寸的行业标准。

(4)高速公路和一级公路的路基横断面上下行用中央分隔带分开,其横断面由行车道、中间带、路肩以及紧急停车带、爬坡车道、变速车道等组成。

(5)二、三、四级公路的路基横断面由行车道、路肩以及错车道组成。

(6)我国《公路工程技术标准》(JTG B01—2003)规定了路基宽度、行车道宽度(见表10-1)。

一般情况下采用表中的"一般值",只有在地形特别困难和其他特殊情况限制时,局部路段才能使用"变化值"。

(7)典型横断面:是指在公路设计中经常被采用的路堤、路堑、半填半挖等基本断面形式及其派生的一系列类似的断面形式。

各级公路路基宽度 表10-1

公路等级		高速公路、一级公路								
设计速度（km/h）		120			100			80		60
车道数		8	6	4	8	6	4	6	4	4
路基宽度（m）	一般值	45.00	34.00	28.00	44.00	33.50	26.00	32.00	24.50	23.00
	最小值	42.00	—	26.00	41.00	—	24.00	—	21.50	20.00
公路等级		二级公路、三级公路、四级公路								
设计速度（km/h）		80		60		40		30		20
车道数		2		2		2		2		2或1
路基宽度（m）	一般值	12.00		10.00		8.50		7.50		6.5（双车道） 4.5（单车道）
	最小值	10.00		8.50		—		—		

①路堤：高于原地面的填方路基。主要有两种形式：

a. 一般路堤：路基填土高度小于20m大于0.5m的路堤；

b. 矮路堤：路基填土高度小于0.5m的路堤，矮路堤必须在边坡坡脚处设计边沟。

②路堑：低于原地面的挖方路基。路基挖方深度小于20m，一般地质条件下的路堑。

a. 路堑路段均应设置边沟，边沟断面可根据土质情况采用梯形、矩形或三角形等。

b. 为拦截地面径流以保证边坡的稳定，应在坡顶外至少5m处设置截水沟。

③半填半挖：在一个断面内，一部分要填，另一部分要挖的路基。

在山坡路段常采用半填半挖断面，以降低工程造价。该断面是路堤和路堑的结合形式，填方部分应按路堤的要求填筑，挖方部分应按路堑的要求设计。

二、横断面的测量

1. 测量任务

横断面测量是测定各中桩垂直于中线方向的地面起伏情况，应先确定横断面的方向，后在此方向上测定地面坡度变化点或特征点的水平距离 l 和高差 h。横断面测量的宽度由路基宽度和地形情况确定，一般应在公路中线两侧各测 15~50m。

2. 测量步骤

确定方向，测定变坡点水平距离，测定变坡点间高差。

（1）横断面方向的标定

①直线段上横断面方向的测定。直线段横断面方向与路线中线垂直，一般采用方向架测定。将方向架置于待标定横断面方向的桩点上，方向架上有两个相互垂直的固定片，用其中一个固定片瞄准该直线段上任一中桩，另一个固定片所指明方向即为该桩点的横断面方向。

②曲线段上横断面方向的测定。圆曲线段上中桩点的横断面方向为垂直于该中桩点切线的方向。由几何知识可知，圆曲线上一点横断面方向必定沿着该点的半径方向。测定时

一般采用求心方向架法,即在方向架上安装一个可以转动的活动片,并有一固定螺旋可将其固定。如图10-1,采用方向架测定：

a. ZY 点(YZ 点)：方向架立于 ZY 点(YZ 点)上,方向架的一个方向 ab 瞄准 JD 点,方向架的另一个方向 cd 为 ZY 点(YZ 点)的横断面方向。

b. QZ 点：方向架立于 QZ 点上,方向架的一个方向 ab 瞄准 JD 点,ab 方向为 QZ 点的横断面方向。

c. 圆曲线上其余点：

安置十字架于 P_1 点上,用 ab 方向瞄准 P_2 点,转动定杆 ef,使 ef 瞄准 P_3 点,拧紧定向杆的固定螺旋。移十字架,安置十字架于 P_2 点上,使定向杆 ef 瞄准 P_3,则 cd 方向为 P_2 点指向圆心的方向(横断面方向)。

③缓和曲线上横断面方向测定。在设有缓和曲线的平曲线上,缓和曲线段的横断面方向的测定方法,有的用查表或查诺模图等方法。

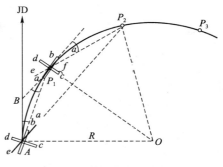

图 10-1　圆曲线横断面测量方法

3. 测量精度

横断面检测限差见表 10-2。

横断面检测限差(单位:m)　　　　表 10-2

公路等级	距　离	高　程
高速公路、一级公路	$\pm(L/100+0.1)$	$\pm(h/100+L/200+0.1)$
二级及二级以下公路	$\pm(L/50+0.1)$	$\pm(h/50+L/100+0.1)$

注：L 为测点至中桩的水平距离(m);h 为测点至中桩的高差(m)。

三、横断面的测量方法

1. 标杆皮尺法(抬杆法)

如图 10-2 所示,用自己制造的两根标杆测量,一根标杆竖立于变坡点上,另一根标杆水平横放,使横放标杆的一端放在另一变坡点上,横放标杆的另一端靠住竖立标杆。横放标杆读水平距离,竖立标杆读两个变坡点的高差。

如：距离 3.2m,高 0.8m,记为 $\dfrac{0.8}{3.2}$;相对前点 4.6m,底 1.2m,记为 $\dfrac{-1.2}{4.6}$;相对中线点从

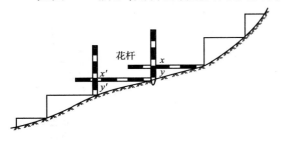

图 10-2　抬杆法横断面测量示意

中桩点开始向左、右两侧测量,记录左、右分开。

"平"表示高差为 0,"同坡"表示后面坡度同前面一个记录。记录表见表 10-3。

2. 水准仪皮尺法(手水准法)

水准仪可安置在能看清横断面方向的任意点上,以中桩地面高程为后视,在横断面方向的变化点上立尺为前视,高差 = 后视 − 前视,用皮尺量出各变坡点至中桩的水平距离。适用于横断面方向比较平坦地区,测量精度较高。如图 10-3 所示。

横断面原始测量数据记录表　　　　　　　　　　表10-3

测量者_____　　　　　　　　　　　____年____月____日

左　　边				高程	右　　边			
				里程桩号				
				高程				
				高低				
				距离				
				累计距离				
				高程				
				高低				
				距离				
				累计距离				

如：左3.2m，高差0.8m，记为$\dfrac{0.8}{3.2}$；左9.6m，高差-1.2m，记为$\dfrac{-1.2}{9.6}$。

其中抬杆法与手水准法的区别：

(1)测量精度不同。

(2)测量速度不同。

(3)表示的距离与高差不同。

3. 经纬仪视距法(交会法)

在地形复杂、山坡较陡的地段宜采用经纬仪施测，将经纬仪安置在中桩上，用视距法测出横断面方向各边坡点至中桩的水平距离和高差。如图10-4所示。

4. 钓鱼法

对于地形落差比较大的区域，需要采取特殊的方法，如图10-5所示。

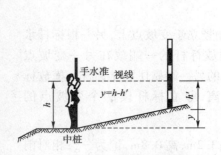

图10-3　手水准法横断面测量示意

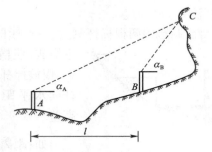

图10-4　交会法横断面测量示意

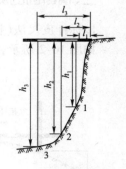

图10-5　钓鱼法横断面测量示意

5. 全站仪观测法

利用全站仪一次性将地面横向起伏变化点的高程逐一记录的方法。

　工程实例

图10-6为某矿区新建公路中线及带状地形图。经过一段时间的外业勘测，平面测量和纵断面测量已经完成。该公路经测设总长为30.688km，中桩放样已经结束，现进行逐桩横断面测量，完成全线的逐桩横断面测量并记录。

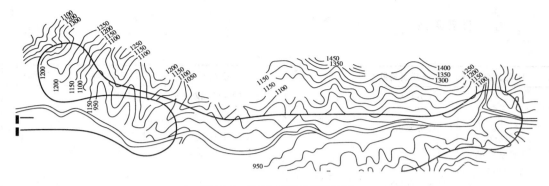

图 10-6　某矿区新建公路路线图

测量方法:花杆皮尺法。

准备工具:花杆、皮尺、横断面测量记录本。如图 10-7 所示。

人员配备:2~3 人。

花杆皮尺法横断面测量示意如图 10-8 所示。

图 10-7　花杆、皮(钢)尺

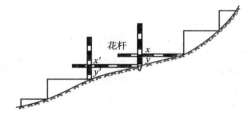

图 10-8　花杆皮尺法横断面测量示意

具体步骤:如图 10-9 所示,A、B、C⋯为 K4+000 桩号横断面方向上所选定的变坡点,首先将花杆立于 A 点,从中桩处地面将尺拉平量出至 A 点的距离,并测出皮尺截于花杆位置的高度,即 A 相对于中桩地面的高差。同法可测得 A 至 B、B 至 C⋯的距离和高差,按照记录格式记录在表 10-4 中,直至所需要的宽度为止。中桩一侧测完后再测另一侧。

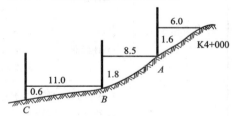

图 10-9　横断面具体测量示意(尺寸单位:m)

逐桩横断面原始数据记录表　　　　表 10-4

左　侧				桩　号	右　侧			
…	…	…	…	…	…	…	…	…
…	…	…	…		…	…	…	…
平	-0.6	-1.8	-1.6	K4+000	+1.5	+0.9	+1.6	+0.5
	11.0	8.5	6.0		4.6	4.4	7.0	10.0
-0.2	-0.5	-1.2	-0.8	K3+980	+0.7	+1.1	-0.4	+0.9
2.0	7.8	4.2	6.0		7.2	4.8	7.0	6.5

注:表中按路线前进方向分左侧、右侧。分数的分子表示测段两端的高差,分母表示其水平距离。高差为正表示上坡,为负表示下坡。

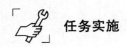 **任务实施**

学 习 任 务 单

项目名称	公路横断面测量	任务名称	横断面测量	任务学时	4学时
任务给定 （与职业标准 相对应）		任务目标	按照三级公路规范完成160m的横断面测量,并按规格记录		
		任务要求	1.职业能力:横断面测量的原则、步骤与方法； 2.职业素养:职业态度,沟通合作,组织与协调能力		
		任务目标分析	1.横断面测量原则； 2.横断面测量要点； 3.横断面测量步骤与方法； 4.培养科学规范、严谨求实、团结协作、组织沟通、实践创新能力		
任务分析	按照规范要求完成,按横断面测量精度进行				
相关知识学习		相关知识点	横断面基本认识、横断面测量方法与横断面测量规范		
		学习方式	讲解横断面测量原理、测量基本方法和步骤		
任务实施	1.认真做好记录； 2.防止漏桩； 3.估算高差与水平距离时以两个人的平均数值为佳				
技术指导	1.在实测完成后针对疑难问题进行专项操作练习； 2.教师写任务小结,学生写任务报告				
知识链接	教师与学生共同讨论、学习、总结、提高				
任务测评		测评方式	1.知识题与操作题考核(口试和操作)； 2.个人评价、小组互评、教师过程评价综合评定成绩		
		测评标准	1.方法正确(40分)； 2.记录无误(40分)； 3.实测过程符合科学、规范、严谨、协作的要求(20分)		
成果要求	1.报告主要包括任务名称、任务目标、实施计划、任务实施保障、实施过程、任务小结等部分； 2.要用尺子和铅笔或计算机绘制实施示意图； 3.任务小结主要说明实施过程中的难点、解决办法及心得体会； 4.报告要求字迹工整、表述清楚,也可采用计算机打印并及时上交				

任务十一　公路路线线形优化

　任务描述

公路初测完成后,利用外业平纵横原始资料,初步进行现场纵断面拉坡,进行平纵横综合考虑,根据设计规范以及路线比选的原则与方法进行路线线形优化,从而使所设计道路更加安全、经济、美观和与大自然相和谐。

具体任务:根据平纵横综合资料进行初步设计,从而对项目所选定的交点位置和数量以及纵断面设置的一些变坡点和控制点等进行调整,从而使该项目路线平纵横指标的规范性、安全、经济、美观。

　学习目标

1. 了解公路路线线形优化的必要性。
2. 掌握路线方案比选原则和比较步骤。

　知识链接

一、路线方案的比选

1. 路线方案比选的基本概念及分类

在路线初步勘测完成后,为了综合考虑路线平纵横指标的规范性、安全、经济、美观和与地貌地物相协调的原则,依据设计规范进行路线方案的比选或进行局部的调整已达到路线综合最优化。根据方案比较的深度上的不同,可分为原则性方案比较和详细性方案比较;根据方案形式不同,可分为质的比较和量的比较。

2. 路线方案的比选原则

路线方案的比选原则,主要是质的比较,多采用综合评价的方法,这种方法不是通过详细计算经济和技术指标进行的比较,而是综合各方面因素进行评比。主要综合的因素有:

(1)路线在政治、经济、国防上的意义,国家或地方建设对路线使用任务、性质的要求,以及战备、支农、综合利用等重要方针的贯彻和体现程度。

高速公路和一级公路的主要任务是解决起终点之间繁重的客货运输。因此,路线除必须经过的控制点外,一般对沿线城镇不宜过多靠近,路线的走向应力求顺直,不可过多偏离路线总方向,以缩短直通客货运输的距离和时间。对有些政治、经济控制点,路线经过有困难时,应作出与支线连接的方案比较。对于地方公路则宜靠近城镇和工矿区,以满足当地客货需要。

(2)路线在铁路、公路、航道等网系中的作用,与沿线工矿、城镇等规划的关系以及与沿线农田水利建设的配合及用地情况。

(3)沿线地形、地质、水文、气象、地震等自然条件对公路的影响,要求的路线等级与实际可能达到的技术标准及其对路线的使用任务、性质的影响;路线的长度、筑路材料的来源、施工条件以及工程量、三材（钢材、木材、水泥）用量、造价、工期、劳动力等情况及其运营、施工、养护的影响，以及施工期限长短等。对于严重不良地质地区、缺水地区、高烈度地震区以及高大山岭、困难峡谷等自然障碍，选线时宜考虑避绕。

（4）设计道路主要技术指标和施工条件的影响。

（5）路线与沿线历史文物、革命史迹、旅游风景区等的联系。

3. 详细方案比选

详细方案比选是在原则性方案比选之后进行的量的比较，它包括技术和经济指标的详细计算。一般多用于作局部方案的分析比较。

（1）技术指标的比选

①路线总延长系数 λ_0：

$$\lambda_0 = \frac{L}{L_0} \tag{11-1}$$

式中：L——路线方案的实际长度，m；

L_0——路线起、终点间的直线距离，m。

②路线技术延长系数 λ_1：

$$\lambda_1 = \frac{L}{L_1} \tag{11-2}$$

式中：L_1——路线方案中各大控制点间的直线距离，m。

③转角数。包括全线的转角数 n（个）和每公里的转角数（个/km）。

④转角平均度数。转角是体现路线顺直的一种技术指标，转角平均度数按下式计算：

$$\alpha = \frac{\sum_{i=1}^{n} \alpha_i}{n} \tag{11-3}$$

式中：α——转角平均度数，°；

α_i——任一转角的度数，°；

n——全线的总转角数。

⑤最大与最小平曲线半径。

⑥回头曲线的数目。

⑦最大与最小纵坡。

⑧最大与最小竖曲线半径。

⑨与既有公路及铁路的交叉数目（包括平面交叉和立体交叉）。

⑩限制车速的路段长度（指居住区、小半径转弯处、交叉点、陡坡路段等）。

（2）经济指标的比选

①路基土石方工程数量。

②桥涵工程数量（大桥、中桥、小桥涵的座数、类型及其长度）。

③隧道工程数量。

④挡土墙工程数量。

⑤征占土地数量及费用。

⑥拆迁建筑物及管线设施的数量。

⑦主要材料数量。

⑧主要机械、劳动力数量。

⑨工程总造价。
⑩投资成本与效益比。
⑪投资利润率。
⑫投资回收期。

4. 方案比较的步骤

(1) 收集资料。

①各种比例尺的地形图、卫星相片、航摄像片和以往的勘测设计资料。
②交通量以及交通组成等交通调查资料。
③相邻道路的主要技术标准、平面和纵断面、交通量以及设计、施工、运营资料。
④路线经过地区的地质、水文、气候等自然条件方面的相关资料。
⑤路线经过地区的城镇、工矿、铁路、航空、水利建设和规划资料。
⑥与路线相关的统计资料。

(2) 在小比例地形图上布局路线,初拟方案。

(3) 室内初步比选,确定可比方案。

(4) 实地视察、踏勘测量。

初步落实各据点的具体位置,路网规划所指定的控制点如确因干扰或技术上有很大的困难或发现不合理时,应及时改动,并经分析论证提出变更理由,报相关部门审定。

对路线、大桥、隧道均应提出推荐方案。对于确实限于调查条件不能肯定取舍的比较方案,应进一步提出勘测比较范围和方法。

对全线地形进行分析,分段提出采用的技术标准和主要技术指标。

在深入调查的基础上,通过比较,选定路线必经的控制点(如越岭垭口、跨越较大的河流桥位、与铁路或其他公路的交叉地点,以及应绕避的城镇及大型的不良地质段等)。对于地形、地质、地物情况复杂的地区,应提出具体布局意见。

分段估算各种工程量(如路基土石方数量,路面工程量,桥梁、涵洞、隧道、挡土墙等的长度、类型、样式和工程数量等)。

筑路材料调查。调查当地出产材料(如砂石材料、石灰等)和外购材料(如钢筋、水泥、木材等)规格、价格、运距、运输方式、供应方式等。

其他如沿线的民族习俗、居住、生活供应、水源、运输条件、气候特征、沿线林木覆盖、地形险阻等情况。

(5) 进一步比选,确定推荐方案。

总之,丘陵地区选线时,可行方案较多,地面因素也较复杂,方案之间的差异有时不太明显,这就要求选线人员要加强踏勘调查,用分段布线、逐步渐近的方法,详细分析比较,最后选定一条合理的路线。

任务十二　公路带状地形图测量

任务描述

公路工程外业勘测中初测和定测阶段都需要进行地形测量。公路地形测量就是根据设计的需要,按一定比例测绘出沿线一定宽度范围内的带状地形图(或局部范围内的专用地形图),供设计和施工使用。

学习目标

1. 了解地形图的基本知识。
2. 掌握公路带状地形图的测绘方法。

知识链接

一、地形图的基本知识

1.基本概念

(1)地形:地球表面的形状。包括地物和地貌。

(2)地物:表示地球表面所有的固定性物体与建筑物(自然地物,如河流、森林;人工地物,如房屋、道路、桥梁)。

(3)地貌:表示地面高低起伏的形态。如山地、丘陵、平原。

(4)地形图:在小区域范围内,不考虑地球曲率的影响,按一定的比例尺表示地物、地貌的平面位置和高程标注的正射投影图。

(5)地形图的测绘:将地球表面某一区域内的地物和地貌按正射投影的方法和一定的比例尺,用规定的图示符号测绘在图纸上。

(6)平面图:没有高程,只有轮廓,只表示地物情况而不表示地面高低情况的图。

(7)比例尺:图上一段直线的长度 d 与其相对应实地水平距离 D 的比值。用分子为1的分数形式表示。

(8)比例尺分类:1∶500~1∶5000 为大比例尺地形图;1∶10000~1∶100000 为中比例尺地形图;1∶100000 以上为小比例尺地形图。

(9)比例尺精度:图上 0.1mm 所代表的实地距离。在图纸上人眼能辨出的最小距离为 0.1mm。在实际地形上,小于 0.1mm 长度不可能在图上画出。

2.地物和地貌在图上的表示方法

为了便于测图和用图,用统一的符号表示地物与地貌,这些符号统称为地形图图示(参见国家标准)。地形图图示符号有三种:地物符号、地貌符号、注记符号。

(1)地物符号

①比例符号(轮廓符号):地物能按测图比例尺缩绘在图纸上,反映其大小。

②非比例符号(形象符号):地物较小无法按比例缩绘,反映位置而不反映大小。

③半比例符号:对于呈线状延伸的地物,其长度能按测图比例尺缩绘在图纸上,但其宽度不能。

(2)地貌符号——等高线

①等高线相关概念。

a. 等高线:地面上高程相等的相邻各点连接成的闭合曲线。坡度陡,等高线密;坡度缓,等高线疏。

b. 等高距:相邻两等高线间的高差,用 h 表示。

c. 基本等高距:以一定比例尺的地形图所选用的等高距。

d. 等高线平距:相邻两等高线间的水平距离,用 d 表示。

②等高线的种类。

a. 基本等高线(首曲线):按基本等高距测绘的等高线。

b. 加粗等高线(计曲线):每隔四条加粗一条,并在其上注记高程值。

c. 半距等高线(间曲线):可按照 1/2 基本等高距用长虚线加绘半距等高线。

d. 1/4 等高线(助曲线):在半距等高线与基本等高线之间,以 1/4 基本等高距再进行加密,用短虚线绘制的等高线。

(3)注记符号

为了表明地物的种类和特征,除用相应的地物或地貌符号表示外,还需配合一定的文字和数字加以说明,称为注记符号。

二、大比例尺地形图测绘

地形图的测绘应遵循"从整体到局部、先控制后碎部"的原则,先根据测图的目的及测区的具体情况,建立平面及高程控制网,然后在控制点的基础上进行地物和地貌的碎部测量。测绘出地物轮廓点和地面起伏点的平面位置和高程,并将其绘制在图纸上。传统的地形测量方法有经纬仪测绘法、大平板仪测绘法及经纬仪小平板联测法等。目前应用比较广泛的是全站仪数字地形测量。

1. 数字地形测量概述

数字地形测量是在电子计算机和电子测量仪器出现以后逐步发展起来的,初期是用电子计算机解算控制测量成果,随后是用电子测量仪器进行控制测量和测图的数据采集,并用电子计算加工处理。

数字地形测量的基本思想是:用全站仪进行控制测量观测,同时采集地物和地貌的各种特征信息,将这些信息记录在数据终端上再传输给计算机,或直接传输给便携式微机;然后用计算机对有关信息进行加工处理形成绘图数据,再用数控绘图仪自动绘制出所需的地形图。其作业过程大致可分为:数据采集、数据传输、数据处理、图形编辑和图形输出。作业流程见图 12-1。

数字地形测量以数字形式来表达测量的全部内容,所有测量技术也都建立在数字形式的基础上,同以图解方式为主的传统地形测量相比,在技术上是一个重大突破,在测量学发展史上是一个巨大飞跃。

2. 全站仪数字地形测量方法

(1)控制测量数据处理。控制测量数据包括观测数据、量测数据和已知数据。将这些数据输入计算机进行平差计算可得控制测量成果,这一过程叫做控制测量数据的自动处理。

(2)测图数据采集。

①碎部点的选择。

碎部点又称地形点,指地物和地貌特征点。对于地物,其特征点为地物轮廓线和边界线的转折或交叉点(主要地物凹凸部分在实地大于0.4mm的均应表示出来)。对于地貌,其特征点为地形线上的坡度或方向变化点。碎部点应该选在能反映地物和地貌特征的点上。为了保证测图质量,即使在地面坡度无明显变化处,也应测绘一定数量的碎部点。

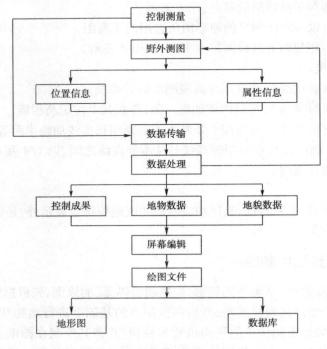

图 12-1　作业流程图

②数据采集方法。

数字地形测量与传统地形测量的原理相同,因而在测量方法上也是相通的。凡是在传统地形测量中采用的测定碎部点的方法,如极坐标法、交会法、内插法、导线法、对称点法等,在数字地形测量中都可采用。通常用得最多的是极坐标法,它是把某个控制点作为测站中心(极点),通过照准另一个控制点作为起始方向(极轴),再分别瞄准周围其他碎部点,测定其相对于起始方向的水平角(极角),测定测站到碎部点的距离(极距),这样就能确定测站周围碎部点的平面位置。其他方法多用于地物的辅助测量,例如对隐蔽的或不易观测的地物碎部点,常常把已经测定的碎部点作为基准,利用直角坐标法、角度交会法、距离交会法等再去测定。

全站仪野外数据采集的内容主要是地物和地貌的空间数据和属性信息,它们都是用数据和文字表示的,但在计算机里却是数据记录。为了识别这些数据记录所代表的属性,实现人机交互,就必须对这些数据记录进行编码。在数字地形测量中,数据编码的基础是地形码。地形码是地形图图示符号的代码,一般由三位数字组成:第一位表示图示符号大类,记为 1 – 9,"0"类可以自定义;第二、三位表示图示符号大类中每个符号的序号,记为 1 – 99,如 101 为图示符号中第一个测量控制点符号的编码。

③等高线的自动绘制。

地貌是地球表面高低起伏的形态。地貌形态的骨架由地貌特征点和地貌特征线构成,并用根据地貌特征点和地貌特征线绘制的等高线来表示。手工描绘等高线时,地貌形态的逼真程度取决于作业人员的经验和技术水平;而由机器自动绘制等高线时,则取决于数字地面模型(DTM)的构网质量和所采用的曲线插值与光滑函数。

④地形符号的自动绘制。

实现地形符号自动绘制的基本条件,是有一个地形符号库。地形符号按平面形状分为独立符号、线状符号和面状符号三类。这三类符号都有定位点:独立符号一般只有一个定位点,当其外轮廓需依比例表示时,需测定外轮廓定位点;线状符号的定位点一般都在线段的转折点处,若为双平行线符号,则在其中心线的转折点处;面状符号的定位点在符号周围边线上的转折点处,其内部配置符号的定位点则按图示规定的尺寸计算确定。

在此基础上,地形符号的自动绘制原理可以描述如下:各种符号以其定位点为暂定基准点,依据图示规定的符号尺寸,计算出符号中每个线段始端点和末端点的坐标增量,或圆弧的半径,并按线段绘出抬、落笔信息,线型信息和色彩信息,每个符号给一个编码,编制成子程序,全部符号子程序组成符号库,并由绘图主程序调用。

三、相关规范要求

详见《公路勘测细则》(JTG/T C10—2007)地形测量部分。

工程实例

利用南方 NTS352 全站仪和 CASS6.1 软件测绘某区域地形图。具体实施步骤如下:

(1)建立平面控制坐标系。对每一个站在测前都应先确立使用何种平面控制坐标系,有条件的站(如测站附近有国家三角点或者能用 GPS 的站),应建立大地坐标系;无条件的站,可建立测站独立的平面直角坐标系(起始方位角以磁北为 0°)。在全站仪的内存中建立存储测量坐标的文件夹。将站点的坐标编点号并输入至全站仪的该文件中(本例中仪器站点编为 1 号,后视站点编为 2 号)。建立存储文件夹与输入坐标的方法参照全站仪的使用手册。

(2)野外测绘工作。一般采用草图测记法,应先绘出测区草图,将各碎部测量点上的点号记录在草图的相应位置上,并注记地物地貌。

①建立测区图根点。如果测区较大,一个仪器站看不完全部碎部,这时还应该建立多个图根控制点(支导点),在选定的点位上打上木桩,桩头钉上平头钢钉,并编号命名,如 ZD_1、ZD_2 等。

②建站。因仪器型号不同其操作不大相同,下面以 NTS352 全站仪为例,首先将全站仪架在 1 号点上对中整平,量出钉头至全站仪横轴中心的高度,测量温度、气压、棱镜高,一并输入到全站仪中,全站仪建站过程如下:按 MENU 键→F1→输入→"文件名"→回车→F1→输入→"1"回车(标识符可空)→▼→输入→"仪高"→回车→OK? 是→记录? 是。F2→输入"2"(此时应将全站仪对准后视点上的棱镜)→回车→后视→回车→OK? 是→测量→坐标→记录? 否,建站完成。

③测量。首先应测各支导点的坐标,其方法是将棱镜架在支导点"1"上并对中整平,将全站仪瞄准棱镜,并作以下操作。输入"点号"3→回车→输入"编码"ZD1→回车→测量→坐

标。全站仪自动记录点号和坐标。此时支导点 1 在全站仪中存储的点号为 3,其后每对准一个测量点时只需按"同前"键即可。如果因长时间不操作全站仪而退出测量菜单时,只需按以下操作即可。按 MENU 键→F1→回车→F3 即可再次进入测量菜单。

(3)数据传输。测量完一站后,必须把全站仪内存中的数据文件传到计算机中,才能进行地形图的绘制。传输方法有两种:一种是用南方公司的专用传输软件"NTS";一种是用 CASS6.1 绘画软件传输。不管用何种方法都必须先在全站仪和软件上设置通信参数,两方的通信参数必须一致。

南方 CASS6.1 制图操作步骤如下:

①打开 CASS6.1 软件。

②点击绘图处理工具→展高程点→回车,在下拉列表中查找竣工后实测地面高程文件,点击选中,按打开按钮→回车(高程点已出现),用多段线连接边界并输入 C 闭合。

③点击等高线工具→建立 DTM(三角网),在下拉列表中再次选择竣工后实测地面高程文件,点击选中,按打开按钮,选显示建立三角网结果,点击确定按钮(三角网已出现)。

④点击等高线工具→绘制等高线,在下拉列表中填写等高距,点击确定按钮(等高线已出现)。

⑤参照实地测量时所绘制的草图进行地形图的绘制,将各个测点用标准符号相连,在完成地物绘制后,结合测区实际的地形情况进行等高线的绘制,以对其进行修补。

 任务实施

学 习 任 务 单

项目名称	地形测量	任务名称	地形图绘制	任务学时	4 学时
任务给定 (与职业标准相对应)	任务目标	完成一段三级公路沿线地形图			
	任务要求	1.职业能力:掌握全站仪数字测图的基本知识;熟悉测图前的准备工作;了解碎布点选择、数据采集方法;了解 CASS 软件绘制地形图的方法。 2.职业素养:具有较好的职业态度,沟通合作,组织与协调能力			
	任务目标分析	1.理清测图前的准备工作; 2.掌握全站仪数字测图方法; 3.掌握利用 CASS 软件绘制地形图的方法。 4.具备严谨规范、团结协作、求实创新的能力			
任务分析	在公路中线测量,纵、横断面测量完成的基础上,以路线交点(转点)为控制点,按照规范要求测绘带状地形图				
相关知识学习	相关知识点	地形测量相关概念;地物、地貌的表示;全站仪数字测图方法			
	学习方式	先通过课堂教学了解全站仪数字测图的相关知识;然后在校外实训场地进行理实一体化教学,完成虚拟工程任务			
任务实施	1.搜集相关数据,进行控制点选择及仪器设备准备; 2.按照规范要求选择碎部点,并进行数据采集(绘制草图); 3.设置全站仪、计算机通信参数,将测量数据传输到计算机; 4.利用 CASS 软件绘制路线带状地形图; 5.参照数据采集时所绘草图,对地形图进行修补				

续上表

技术指导	1. 碎布点间距、测量视距要满足规范要求； 2. 数据采集时要对数据记录进行编号； 3. 数据传输时要设置通信参数	
知识链接	《公路勘测细则》(JTG/T C10—2007)中的地形测量	
任务测评	测评方式	1. 过程评价：个人评价、小组互评、教师评价； 2. 成果评价：理论与操作考核相结合(口试和操作)
	测评标准	1. 仪器选择正确(10分)； 2. 数据采集正确(40分)； 3. 数据处理正确(40分)； 4. 测图过程科学、规范、严谨(10分)
成果要求	1. 报告主要包括任务名称、任务目标、实施计划、任务实施保障、实施过程、任务小结等部分； 2. 要用尺子和铅笔或计算机绘制任务实施示意图； 3. 任务小结主要说明实施过程中的难点、解决办法及心得体会	

任务十三　公路沿线排水及构造物调查

 任务描述

在路线平纵横测量结束后,为了确定公路排水沟(渠)的形式以及排水构造物,主要是排水设施小桥涵的位置、结构形式、孔径大小以及上下游的防护处理等需要调查和搜集沿线小桥涵水文、地质、地形资料,配合路线总体布设进行实地勘测,提供小桥涵及其他排水构造物设置的原始资料和技术要求。

某新建公路工程排水设施调查,我们的任务是确定小桥涵的位置、结构形式、孔径大小以及上下游的防护处理等。方式方法:在路线经过区域内的河流、泄洪渠等,调查上下游是否有排水设施,其规模尺寸,与路线的交角,河岸冲刷情况,河岸宽度,最大洪水水位位置等。

 学习目标

1. 理解公路综合排水调查及方案确定的方法。
2. 掌握排水构造物方案选定原则。
3. 熟悉排水构造物测量方法和步骤。

 知识链接

一、排水调查

(1)沿线水系的分布及相互关系,地表水、地下水、裂隙水等的位置、流量、流向,拟定设置排水沟(渠)的形式、进出水口的位置、排水沟渠的加固措施。

(2)公路通过农田、洼地,应调查地表的积水深度、积水时间,拟定路基排水和加固措施。

(3)搜集路面设计重现期内降雨量强度(mm/30min)资料,拟定路面排水措施;搜集沿线地形、地貌、地质构造、地震基本烈度、水文及水文地质等特征。

(4)沿线气象资料,包括气温、风速、风向、降水量、日照期、年蒸发量、无霜期、冰冻期及冻结深度、积雪期及积雪厚度,以及风吹雪和风吹沙对路基、路面的影响。

(5)沿线水系分布基本特征、相互关系及对路基、路面的影响。

(6)沿线农田水利设施的现状、特点、发展规划、农田地表土的性质及厚度等对路基、路面的影响。

(7)路线所在地区的公路自然区划及其特征。

二、资料搜集

(1)水文资料。流域水系图、桥位以上流域面积、桥位所在河段河床及河岸变迁资料、桥位附近水文站历年实测大流量及相应的水位、流速、糙率、水面比降、测流断面、含沙量和水位-流量、水位-面积、水位-流速关系曲线以及特殊河段所需资料等。当桥上、下游有大型水利工程时,应搜集其设计、建设和使用情况的资料。

(2)气象资料。桥位附近有关气象台、站历年最大风速和主要风向及频率;年、月、日平均气温和极端最高、最低气温;历年降水量、多年平均降水量、日最大降水量、最大 1h 降水量和最大 24h 降水量、降水天数及相对温度和最大冻土深度等资料。

（3）流冰、流木资料。桥位河段最高和最低流冰水位、封冻最高水位;冰厚、冰块最大尺寸、冰块的密度、流冰的速度、冰坝抬高水位的高度;流木最大长度以及漂流物类型、大小尺寸等资料。

（4）通航资料。桥位河段通航等级、通航船舶、船队长度、排筏最大宽度和长度、航运密度和发展情况;航道图、航迹线位置图;最高、最低通航水位、封冻停航水位;通航净空和通航孔数及航道整治、规划和船舶上、下行限制速度等资料。

三、小桥涵勘测与调查

1. 小桥涵初测勘测与调查

（1）小桥、漫水桥以及复杂涵洞、改沟工程、人工排灌渠道等，一般应放桩并实测高程与断面。当地形及水文条件简单时，可在 1:2000 地形图上查取或采用数字地面模型内插获取，但应进行现场校对。

（2）小桥涵（包括漫水桥、过水路面、倒虹吸、渡槽）的勘测，应实地调查小桥涵区域排水体系、农田排灌、地形、地质、水文等自然条件，结合路基综合排水系统，现场核对拟定小桥涵位置、交角、结构类型、孔径及进出口形式等。

（3）应对桥涵位上游汇水区的地表植被、洼地滞流、土质吸水类别、水库（或湖泊）控制面积等地表特征进行调查，满足径流形成法和暴雨推理法计算需要。

（4）凡拟建小桥涵址的上、下游附近有原建小桥涵时，应对原有小桥涵的结构形式、洞口类型、各部分主要尺寸及埋置深度、修建年代、损毁修复等情况查，并测量桥前水深、桥下泄洪流量、桥涵址间的汇水面积等。

（5）应对初拟小桥涵的交角、结构类型、孔径、涵长、进出口形式等进行现场核对。

（6）改建工程的小桥涵，应查明原有桥涵的位置、结构形式、荷载标准、跨径高度、长度、基础形式及埋置深度、修建年代、损坏修复情况及可利用程度。

2. 小桥涵施测勘测与调查

（1）在初测资料的基础上，对地质、水文、农田水利、气象等资料进行补充调查，并进行形态断面、河床比降、特征水位和汇水面积等测量工作。小桥涵河床比降测量，一般上游测 100～200m，下游测 50～100m。

（2）根据批准的初步设计文件所确定的原则和方案，以及地质、水文、农田水利、气象和施工条件，确定小桥涵的结构类型、基础形式、埋置深度、孔径和必要的附属工程;根据路基、路线情况，确定小桥涵墩、台高度和位置。

（3）小桥涵的位置和形式，应与路线平、纵面和路线排水系统相配合，同时注意附属工程的设置，保证水流顺畅，不致造成后患。

（4）改建公路利用原有小桥涵时，应进一步核查荷载标准、损坏程度和结构形式，测量其跨径、高度、长度、宽度和位置。

3. 小桥涵址测量

（1）小桥涵沿路线中线方向的断面测量，应与路线中线测量同步完成，并根据实际情况适当加密中桩，同时实测沟渠与路线的交角。

（2）地形复杂的小桥涵，应在路线中线两侧或河床两侧各实测一个或几个断面，测量范围应能满足涵底纵坡和进出水口设计、布置桥孔、调治防护工程、挖土石方数量等的需要。

（3）小桥涵位于地质、地形复杂路段，布置比较困难或需进行改河、改道工程环境协调等综合处理时，应测绘1:500～1:2000工点地形图。改河工程应按要求进行纵、横断面测量，原河道相关范围内应进行河床纵坡和河床横断面测量。

四、现场踏勘

（1）核查研究工程可行性研究报告所推荐的桥位方案。

（2）配合路线总体布局和河段特点、地形、地貌、工程地质及环境等条件，进行比较分析，确定桥位方案和比较方案。

（3）调查桥位附近筑路材料分布概况。

（4）调查桥位附近是否埋有管线和其他构造物，以及其对桥位的影响。

五、桥位选择的一般规定

（1）桥位选择应对可能的桥位方案进行调查和勘测，经全面分析论证，确定推荐方案。

（2）桥位选择应从整体布局考虑，做好相关规划的协调配合。

（3）高速公路、一级公路的特大、大、中桥桥位线形应符合路线布设要求。一般公路上的桥位应桥、路综合考虑，注意位于弯、坡、斜处的桥梁设计和施工的难度。

（4）对水文、工程地质和技术复杂的特大桥桥位，应根据河流的形态特征、水文、工程地质、通航要求和施工条件以及地方工农业发展规划等，在较大范围内作全面的技术、经济比较。

（5）跨河位置、布孔方案等应征求水利、航运等部门的意见。

六、外业调查记录（见表13-1）

小桥涵调查记录簿　　　　　　　　表13-1

路线名称＿＿＿＿＿＿＿＿＿＿

路段名称＿＿＿＿＿＿＿＿＿＿

测设阶段＿＿＿＿＿＿＿＿＿＿

测设单位＿＿＿＿＿＿＿＿＿＿

小桥涵调查记录簿

第＿＿＿＿本　共＿＿＿＿本

自K＿＿＿＿至K＿＿＿＿

小桥＿＿＿＿座

涵洞＿＿＿＿道

记录开始日期：＿＿＿年＿＿＿月＿＿＿日

记录完毕日期：＿＿＿年＿＿＿月＿＿＿日

共填＿＿＿＿页

调查者：＿＿＿＿＿＿＿＿

队　长：＿＿＿＿＿＿＿＿

目录			
序号	桩号	孔径及类型	交角

续上表

调查_____ 复核_____	
(form fields table)	(continuation)

桥涵编号	中心桩号 K___+___	地名河名	河沟与路交角
汇水区地形：		主河沟平均坡度：$i=$	
暴雨分区：		土壤类属：	
平均滞留径流厚度：$Z=$___毫米		汇水面积：$F=$ 平方公里	
汇水面积重心至桥涵处距离 $L_0=$ 公里		汇水面积长度或宽度（填大者）： 公里	
湖泊或水库面积占汇水面积 ％		形态断面水面坡度：$i=$	
森林面积占汇水面积 ％		构造物处河沟坡度：$i=$	
河床平均粒径： 毫米		浅滩上最大平均粒径： 毫米	
流域坡面糙率：		形态断面河段糙率：河槽/河滩	
历史洪水位	年份		$H_{高}$ $H_{高}$ $H_{高}$
	高程		
	位置		
	周期		
漂浮物及冰冻情况：			
调查描述：			

初步拟定孔径及式样：

初步拟定进出口式样：

 工程实例

项目名称：某三级公路新建项目排水调查与构造物设置。

配备设备：车辆一辆，全站仪一台（经纬仪、水准仪），皮尺。

配备人员：2～3人。

调查步骤：根据当地交通运输局技术人员和该区域人员的介绍，首先确定沿线的农业用水管道的位置，然后在实地沿线进行河流小桥涵设置调查，按照记录册上的填写内容，包括河流中心桩号、河流宽度、河流洪水位、主河道与公路路线的夹角，包括周边筑路材料等的调查，并在记录簿上按照规范填写并做相应的备注。

调查过程及成果：按照调查步骤完成表13-2。

原有构造物调查表　　　　　　　　　表13-2

XXXX线（XXXX）重要农村公路改建工程　　　　　第1页共3页

序号	桥涵中心桩号	交角（°）	流向	原有构造物				建议处理措施	拟建		备注
				孔数—跨径（孔—米）	结构类型	进出口形式			孔径（m）	类型	
						进口	出口	结构物总体评价			
1	K0+230.0	90	→	1-0.5	浆砌卵石圆管涵	无	无	破损严重。地基土为砾类土，稍湿～中湿，稍密	改建	1-2.0	钢筋混凝土盖板涵	

61

续上表

序号	桥涵中心桩号	交角(°)	流向	原有构造物				建议处理措施	拟建		备注
				孔数—跨径(孔—米)	结构类型	进出口形式			孔径(m)	类型	
						进口	出口				
2	K0+260.0	90	→	1-0.5	浆砌卵石圆管涵	无	无	管节塌陷,地基土为砾类土,稍湿~中湿,稍密	改建	1-0.75	钢筋混凝土圆管涵	
3	K0+500.0	85	→	1-0.65	浆砌卵石圆管涵	无	无	管节塌陷,地基土为砾类土,稍湿~中湿,稍密	改建	1-0.75	钢筋混凝土圆管涵	
4	K1+009.0	90	→	1-0.5	浆砌卵石圆管涵	无	无	破损严重。地基土为砾类土,稍湿~中湿,稍密	改建	1-0.75	钢筋混凝土圆管涵	
5	K1+073.5	90	→	1-0.7	浆砌卵石圆管涵	无	无	破损严重。地基土为砾类土,稍湿~中湿,稍密~中密	改建	1-2.0	钢筋混凝土盖板涵	
6	K1+246.0	90	→	1-0.75	浆砌卵石圆管涵	无	无	破损严重。地基土为砾类土,中湿,稍密~中密	改建	1-1.5	钢筋混凝土盖板涵	
7	K1+517.4	90	→	1-0.75	浆砌卵石圆管涵	无	无	破损严重。地基土为砾类土,稍湿~中湿,稍密~中密	改建	1-1.0	钢筋混凝土圆管涵	

 任务实施

学 习 任 务 单

项目名称	排水调查及方案确定	任务名称	排水调查	任务学时	4学时
任务给定(与职业标准相对应)	任务目标	完成某三级公路的排水调查及构造物方案确定			
	任务要求	1.职业能力:排水构造物设置的原则、要点、步骤与方法; 2.职业素养:职业态度、沟通合作、组织与协调能力			
	任务目标分析	1.排水构造物设置的原则; 2.小桥涵设置的要点及步骤与方法; 3.科学规范、严谨求实、团结协作、组织沟通、实践创新能力			
任务分析	小桥涵设置按公路等级要求完成				
相关知识学习	相关知识点	公路小桥涵设置基本认识、小桥涵设置原理、知识;GPS定位测量、全站仪测量在公路小桥涵勘测中的应用,测量成果分析与数据处理			
	学习方式	讲解公路小桥涵测量的原理,推导计算公式;绘制简略的小桥涵及河道示意图,按照测量原理进行数据处理			

续上表

任务实施		1. 熟悉、检查仪器，并做好清单记录； 2. 按小桥涵设置要求在测量基地进行实地分析； 3. 按公路小桥涵设置要求实地调查区域排水体系、地质、水文、农田灌溉情况等； 4. 按规范要求确定小桥涵位置、结构类型、孔径、进出口形式； 5. 在定位点做好记号，确定小桥涵中心桩号； 6. 绘制简略的小桥涵及河道断面图
技术指导		1. 在实测完成后针对疑难问题进行专项操作练习 2. 实测注意事项：确定小桥涵位置，与路线交角情况；改建项目应对原小桥涵情况进行调查，现场签订利用情况；教师写任务小结，学生写任务报告
知识链接		教师与学生共同讨论、学习、总结、提高
任务测评	测评方式	1. 知识题与操作题考核； 2. 个人评价、小组互评、教师过程评价综合评定成绩
	测评标准	1. 仪器安置正确(10分)； 2. 小桥涵基础资料调查的准确性、完整性(20分)； 3. 小桥涵位置、结构类型、孔径、进出口形式是否合理(40分)； 4. 测量过程符合科学、规范、严谨、协作的要求(10分)； 5. 任务报告及时上交，内容符合要求，书写整齐，绘图准确(20分)
成果要求		1. 报告主要包括任务名称、任务目标、实施计划、任务实施保障、实施过程、任务小结等部分； 2. 要用尺子和铅笔或计算机绘制实施示意图； 3. 任务小结主要说明实施过程中的难点、解决办法及心得体会； 4. 报告要求字迹工整、表述清楚，也可采用计算机打印并及时上交

任务十四 公路沿线防护工程调查

 任务描述

为降低工程造价,减少或防止道路病害,保持生态环境的相对平衡,确保道路的安全与稳定,必须对公路沿线防护工程调查。公路沿线防护工程调查是外业勘测中的重要内容之一。公路沿线防护工程调查是根据公路等级、降雨强度、地下水、地形、土质、材料来源等情况,综合考虑、合理布局、因地制宜地选择实用、合理、经济、美观的防护工程种类并现场对防护方案进行比选,进而确保公路的稳定性和行车安全,同时达到与周围环境的协调,保持生态环境的相对平衡,美化公路的效果。同时注重收集和研究路线通过地区既有资料,根据地貌的形态特征,推断其形成原因和条件,评价其工程地质条件;根据植物群落的种属、分布及其生态特征,推断当地的气候、土质及水文地质等条件。并实地进行地质勘察,并初步绘制探坑一览表和沿线工程地质纵断面图。

 学习目标

1. 了解公路沿线防护工程。
2. 了解公路沿线防护工程的类型及合理防护方案的比选。
3. 了解公路沿线防护工程设置位置、形式和长度。
4. 掌握收集沿线地质段落的划分和进行沿线工程地质调查的方法。
5. 了解地质勘察程序及现场地质材料试验方法。

 知识链接

一、公路沿线防护工程种类

公路沿线防护工程主要有边坡坡面防护、沿河河堤河岩冲刷防护等。路基防护工程是防治路基病害,保证路基稳定,改善环境景观,保护生态平衡的重要设施。

1. 边坡坡面防护

边坡坡面防护主要是保护路基边坡表面免受雨水冲刷,减缓温差及温度变化的影响,防止和延缓软弱岩土表面的风化、碎裂、剥蚀演变进程,从而保护路基边坡的整体稳定性,在一定程度上还可美化路容,协调自然环境。

(1)植物防护:种草、铺草皮、植树。

(2)工程防护(矿料防护):框格防护、封面、护面墙、干砌片石护坡、浆砌片石护坡、浆砌预制块护坡、锚杆钢丝网喷浆、喷射混凝土护坡。

2. 沿河河堤河岩冲刷防护

(1)直接防护:植物、砌石、石笼、挡土墙等。

(2)间接防护:丁坝、顺坝等导治构造物以及改河营造护林带。

二、公路沿线各种防护工程适用条件

1. 植物防护

(1)种草防护适用于边坡稳定,坡面受雨水冲刷轻微,且易于草类生长的路堤与路堑边坡。播种方法有撒播法、喷播法和行播法。当前推广使用的两种新方法是湿式喷播技术和客土喷播技术。

(2)铺草皮适用于需要迅速绿化的土质边坡。草皮护坡铺置形式有平铺式、叠铺式、方格式和卵(片)石方格式四种。

(3)植灌木与种草、铺草皮配合使用,使坡面形成良好的防护层,适用于土质边坡和膨胀土边坡,但对盐渍土经常浸水、经常干旱的边坡及粉质土边坡不宜采用。

2. 工程防护

(1)框格防护适用于土质或风化岩石边坡进行防护,框格防护可采用混凝土、浆砌片(块)石、卵(砾)石等做骨架,框格内宜采用植物防护或其他辅助防护措施。

(2)封面包括抹面、捶面、喷浆、喷射混凝土等防护形式。

①抹面防护适用于易风化的软质岩石挖方边坡,岩石表面比较完整,尚无剥落。

②捶面防护适用于易受雨水冲刷的土质边坡和易风化的岩石边坡。

③喷浆和喷射混凝土防护适用于边坡易风化、裂隙和节理发育、坡面不平整的岩石挖方边坡。

(3)护面墙用于封闭各种软质岩层和较破碎的挖方边坡以及坡面易受侵蚀的土质边坡。用护面墙防护的挖方边坡不宜陡于1:0.5,并应符合极限稳定边坡的要求。护面墙分为实体、窗孔式、拱式等类型,应根据边坡地质条件合理选用。

(4)石砌护坡。

①干砌片石护坡适用于易受水流侵蚀的土质边坡、严重剥落的软质岩石边坡、周期性浸水及受水流冲刷较轻(流速小于2~4m/s)的河岸或水库岸坡的坡面防护。

②浆砌片(卵)石护坡适用于防护流速较大(3~6m/s)、波浪作用较强,有流水、漂浮物等撞击的边坡。对过分潮湿或冻害严重的土质边坡应先采取排水措施再行铺筑。

③浆砌预制块防护适用于石料缺乏地区。预制块的混凝土强度不应低于C15。

(5)锚杆铁丝网喷浆或喷射混凝土护坡。适用于直面为碎裂结构的硬岩或层状结构的不连续地层,以及坡面岩石与基岩分离并有可能下滑的挖方边坡。

3. 土工织物防护

(1)挂网式坡面防护适用于风化碎落较严重的岩石边坡。

(2)土工织物复合植被防护的典型形式是三维土工网(垫)植草防护,主要适用于边坡坡度缓于1:1,边坡高度小于3m的土质边坡。

(3)其他土工织物防护有草坪植生带,适用于破碎或易风化破碎的岩石路堑边坡的锚杆挂高强塑料网格喷浆(喷射混凝土),以及土工织物作反滤层的护坡。

4. 路基冲刷防护

(1)直接防护。

①抛石:用于经常浸水且水深较大的路基边坡或坡脚以及挡土墙、护坡的基础防护。抛石一般多用于抢修工程。

②石笼:沿河路堤坡脚或河岸,当受水流冲刷和风浪侵袭,且防护工程基础不易处理或沿河挡土墙、护坡基础局部冲刷深度过大时,可采用石笼防护。

a.铁丝石笼多用于抢修或临时工程,不得用于急流滚石河段,必要时对铁丝石笼灌注小石子水泥混凝土。铁丝石笼一般可容许流速 4~5m/s 的水流冲刷;

b.钢筋混凝土框架石笼可用于急流滚石河段。

(2)间接防护有护坝、丁坝、顺坝和改移河道。

三、沿线工程地质调查

1. 工程地质调查的概况

地形、地貌的类型、成因、特征与发展过程;地形、地貌与岩性、构造等地质因素的关系;地形、地貌与工程地质条件的关系,对路线布设及路基工程的影响等。地层的层序、厚度、时代、成因及其分布情况;岩性、风化破碎程度及风化层厚度;土石的类别,工程的性质及对工程的影响等。断裂、褶曲的位置、构造线走向、产状等形态特征和地质力学特征岩层的产状和接触关系,软弱结构面的发育情况及其与路线的关系、对地基稳定性的影响等。第四纪沉积物的成因类型、土的工程分类及其在水平与垂直方向上的变化规律;土的物理、水理、化学、力学性质;特殊土及地区性土的研究和评价。河、溪的水位、流量、流速、冲刷、淤积、洪水位与淹没情况,地下水的补给与排泄条件,地下水的埋藏深度、水位变化规律与变化幅度;地面水及地下水对工程的影响等。各种不良地质现象及特殊地质问题的分布范围、形成条件、发育程度、分布规律及其对工程影响等。根据沿线地震基本烈度的区划分资料,结合岩性、构造、水文地质等条件,通过调查,确定大于等于 7 度的烈度界限。调查已有建筑物的稳定情况和工程措施,可以参考借鉴。

2. 地质勘测的方法

公路工程地质勘测的方法主要有研究既有资料、调查与测绘、勘探、试验与定位观测等。

(1)研究既有资料

收集和研究路线通过地区既有资料,资料的收集一般应包括以下内容:

①区域地质资料:如所属公路自然区划、该区域的地质构造及岩性、土质情况,有条件的应进行沿线筑路材料调查。

②区域水文地质资料:如公路沿线所属的水文地带类型及特征、地下水的类型、分布情况、埋藏深度、变化规律等。

③地形、地貌资料。

④特殊地质地段资料,沿海地区、岩溶发育地区等各种特殊地质地段及不良地质现象的分布情况、发育程度与活动特点。

⑤地震资料:如沿线及附近地区的地震历史情况,地震烈度,地震破坏情况与其他地貌、岩性、地质构造的关系等。

⑥气象资料:如气温、降水、湿度、积雪、冻结深度及风速等。

⑦工程经验:区域已有公路的主要工程地质问题及其防治措施。除此以外还应收集相关政府及科研、教学部门有参考价值的文献资料。当勘测地区面积大,收集的水文地质资料相当复杂时,可采用遥感信息法,利用航空照片和卫星 NSS、TM 等影像片资料分析所在地区总体的工程地质情况。通过对资料的分析研究和判断,可掌握公路沿线的工程地质条件和相关工程经验,从而判断可能遇到的主要工程地质问题。这对公路工程地质工作是非常必

要的,可减少外业工作的盲目性,提高工作效率。

(2)调查与测绘。

调查与测绘是工程地质勘测的主要方法。通过观察和走访,对公路所在地区的工程地质条件进行综合性的地面研究。

公路工程地质调查与测绘的目的在于查明公路走廊范围内的地形、地貌、地质条件,并结合区域地质资料,对路基、桥梁、隧道及其他结构物的稳定性、适宜性做出评价,为工程地质勘探、测试工作及工点布置提供依据。工作的主要内容有调查研究地形、地貌特征、划分地貌单元,分析各地貌单元的形成过程及其与地层、构造、场地稳定性的因果关系;查明岩土成因、性质、厚度、时代和分布范围;调查岩层产状,确定地质构造类型、软弱结构面的产状及其性质;调查新构造活动的痕迹、特点和与地震活动的关系。工程地质调查采用的方法主要有观察和访问群众,必要时可配合勘探和试验。观察是工程地质调查最重要、最基本的方法,是利用现场自然迹象和露头对内部情况观察分析,从而认识路线通过地区的工程地质情况。访问群众亦是工程地质调查常用的方法。通过调查访问,可以了解有关问题的历史情况及当地的经验,这对于分析判断工程是不可或缺的。在实际工作中对历史地震情况的调查,对沿线洪水位的调查,对滑坡、崩塌、风沙、雪害、泥石流等不良地质的发生情况、活动过程和分布规律的调查都离不开调查访问。

(3)勘探。勘探是工程地质勘测的重要方法,是获取深部地质资料必不可少的手段。能提供设计所需的技术参数,在桥隧、涵洞、不良地质处理中应用广泛。在进行地质勘探时,应充分利用地面调查测绘资料,合理布置勘探点,认真分析勘探成果,避免不必要的工作;公路工程地质勘探方法主要有挖探、钻探、地球物理勘探(简称物探)。

①挖探。挖探是公路工程地质勘探中广泛采用的一种方法。这种方法的特点是能取得详尽的直观资料和原状土样,但勘探深度有限,劳动强度大。一般用于交通不便的丘陵、山区等大型机械难以就位的地方。

②简易钻探。简易钻探是公路工程地质勘探中经常采用的方法。具有工具轻,体积小,操作方便,进尺较快,劳动强度小等优点。缺点是:不能采取原状土样或不能取样,在密实或坚硬的地层内不易钻进或不能使用。"麻花钻"是在公路工程中常见的简易钻探方法。

③钻探。在工程地质勘测工作中,钻探是广泛采用的勘探手段,它可获得深部地层的可靠地质资料。钻探按钻进方法有回转、冲击、振动和冲洗。在公路工程地质勘测中,钻探主要用于桥梁、隧道及大型滑坡等不良地质现象的勘探,一向是在挖探、简易钻探不能达到目的时采用。

④地球物理勘探。地球物理勘探简称"物探"。不同成分、不同结构、不同产状的地质体在地下半无限空间呈现不同的物理场分布,物探采用专门的仪器,通过观测这些物理场的变化,来判断地下地质情况。物探的优点是效率高、成本低、仪器和工具比较轻便。但是由于不同土、石可能具有某些相同的物理性质,或同一种土、石可能具有某些不同的物理性质,因此有时较难得出肯定的结论,必须使用钻孔加以校核、验证,所以物探有一定的适用条件。

(4)试验。试验是工程地质勘测的重要环节,分为原位测试、室内试验,是对土石工程性质进行定量评价的必不可少的方法,是解决某些复杂的工程地质问题的主要途径。

工程地质调查测绘与勘探工作,只能解决土石的空间分布、发展历史、形成条件等问题,对土石的工程性质只能进行定性的评价,要进行准确定量的评价必须通过试验。在工程实践中,可能会遇到某些复杂的自然现象和作用,一时尚不能从理论上认识情况,而又急于解决,在这种情况下,往往可以通过试验的方法加以解决。

原位测试主要有静力触探、十字板剪切、横(旁)压试验、动力触探和标贯。是在岩土所处之原位,保持着原位状态和原位条件下现场就地进行的测试工作。通过原位测试可取得岩土多种物理及力学参数。由于它所提供的数据较准确、设备较轻便、操作也简单易行,且便于多点使用,在工程实践中得到了广泛应用。

室内试验是直接采用仪具试验并通过计算取得有关数据的方法。应注意试验结果只代表取样地点的性质特征,实际应用中应与其他方法综合使用以保证结果的可靠性。

(5)定位观测。物理地质现象与使用是在自然环境不断变化的情况下发生与发展的,其中某些具有周年变化的过程,某些具有多年变化的过程,如滑坡、泥石流等,而另一些可能兼有这两种变化。通过直接观察和勘探,只能了解某一个短时期的情况,要了解其变化规律,就需要作长期的定位观测工作,而掌握其变化规律,有时则是工程设计所必需的。因此,定位观测是工程地质勘测的重要方法,在某些情况下是必需的。定位观测不仅可以为设计直接提供依据,而且可以为科学研究积累资料。

四、工程地质调查内容及程序

1. 开展工程地质调查

从地层、岩性、构造上分析有无易滑地层。注意周围有无斜坡变形现象。有无古滑坡和正在活动的滑坡。它们产生的条件、性质和规模,以便与将要开挖的地段比较,判断开挖后会否产生滑坡。

2. 自然山坡和人工边坡稳定状况的调查

查自然山坡的走向、朝向、坡形、坡度和坡高、植被状况,同类地层在河岸或沟岸所能保持的稳定斜坡坡度和高度,从中寻找极限稳定坡;自然坡上的变形现象、类型、规模和稳定状况;已有的人工边坡的岩土种类、性状、稳定状况、设计的坡形、坡度、坡高和防护措施,从中寻找出稳定坡形和设计参数。

3. 软弱结构面的调查

着重调查软弱结构面的产状、分布、与开挖面的关系,开挖后会否被切断或接近于暴露,是否含水,是否有充填物等。这些因素控制着滑坡会否发生,以及发生滑坡的位置、规模。一般当这些软弱结构面倾向或接近水平时,发生滑坡的可能性较小,而当其倾向临空面的倾角大于10°~30°时,发生滑坡的可能性较大,采用赤平极射投影图更能清楚地说明这些问题。

4. 地下水调查

滑坡的形成和发展往往与水(地表水和地下水)的活动有关,有的还是引发滑坡的主要因素。工程界素有"十滑九水"之说,虽然这种说法不全面,但也从一个侧面说明水在引发滑坡诸多因素中的重要性。应注意地下水露头的出露高程及相应的隔水层性状,并应考虑开挖后坡体松弛变形裂隙张开,引起地下水向下渗透和变化,导致边坡滑移。

在上述调查的基础上,可以定性地确定边坡开挖后是否发生滑坡及滑坡的类型、位置、规模,但要做到定量评价,还需要借助力学计算方法,否则得不出边坡的稳定系数值,也不知道加固工程所需平衡力的大小。

工程实例

项目名称:某三级公路沿线防护工程调查。

配备设备:车辆一辆、皮尺、花杆。

配备人员:2~3人。

调查步骤:根据公路等级、降雨强度、地下水、地形、土质、材料来源;同时注重收集和研究路线通过地区既有资料,根据地貌的形态特征,推断其形成原因和条件,评价其工程地质条件;根据植物群落的种属、分布及其生态特征,推断当地的气候、土质及水文地质等条件;并实地进行地质勘察,并初步绘制探坑一览表和沿线工程地质纵断面图。

调查成果:见表14-1、表14-2。

探 坑 一 览 表　　　　　　　　　　　　　表14-1

Y395线(铁热克镇—苏干村)重要农村公路改建工程

序号	桩号	位置	深度(m)	层厚(m)	分层描述
1	K0+085	中桩左侧3m	2.0	0~2.0	砾类土,稍湿,稍密,由中、粗砂填充
2	K0+944	中桩右侧5m	2.0	0~2.0	砾类土,稍湿,稍密,由中、粗砂填充
3	K1+928	中桩右侧4m	2.0	0~2.0	砾类土,稍湿,稍密,由中、粗砂填充
4	K2+900	中桩左侧3m	2.0	0~2.0	砾类土,稍湿,稍密~中密,由中、粗砂填充
5	K4+288	中桩右侧1m	2.0	0~2.0	砾类土,稍湿,稍密~中密,由中、粗砂填充
6	K5+028	中桩右侧4m	2.0	0~2.0	砾类土,稍湿,稍密~中密,由中、粗砂填充
7	K5+830	中桩左侧6m	2.0	0~2.0	砾类土,稍湿,稍密~中密,由中、粗砂填充
8	K7+230	中桩左侧2m	2.0	0~2.0	砾类土,稍湿,稍密,由中、粗砂填充
9	K8+480	中桩左侧4m	2.0	0~2.0	砾类土,稍湿,稍密~中密,由中、粗砂填充
10	K9+858	中桩右侧1m	2.0	0~2.0	砾类土,稍湿,稍密,由中、粗砂填充
11	K11+230	中桩右侧4m	2.0	0~2.0	砾类土,稍湿,稍密~中密,由中、粗砂填充
12	K12+130	中桩左侧3m	2.0	0~2.0	砾类土,稍湿,稍密,由中、粗砂填充

编制:　　　　　　　　　　　　　　　复核:

原有公路现状调查表　　　　　　　　　　　　表14-2

重要农村公路改建工程　　　　　　　　　　　SIII-38　详勘-5

序号	桩号	原路状况
1	K0+000~K17+000	原为早年建成的简易砂砾路,路基宽5~9m不等,路基高0.2~0.6m。老路路面整体状况较好。局部路段由于多年未进行养护,老路路面无横向排水能力,在重型车辆的碾压,老路行车道形成凹槽,现有路面病害以坑槽、车辙为主。排水设施较为简陋,多出路段涵洞排水不畅、淤塞、破损,造成水流冲毁路基,对行车产生不利影响。全线多为依山傍河线形,傍河一侧防护工程较少,致使水流冲毁路基。原有桥涵1座,涵洞32道,其中圆管涵12道,盖板涵20道,拱涵0道,简易过水路面10m
2	K17+000~K21+100	原为早年建成的简易砂砾路,路基宽5~8m不等,路基高0.5~0.8m。老路路面整体状况较差。路段由于多年未进行养护,老路路面无横向排水能力,在重型车辆的碾压,老路行车道形成凹槽,现有路面病害以坑槽、车辙为主。排水设施较为简陋,多出路段涵洞排水不畅、淤塞、破损,造成水流冲毁路基,对行车产生不利影响。全线多为依山傍河线形,傍河一侧防护工程较少,致使水流冲毁路基。原有桥涵1座,涵洞18道,其中圆管涵8道,盖板涵6道,拱涵4道,简易过水路面20m
3	K21+000~K36+120	原为早年建成的简易砂砾路,路基宽6~7m不等,路基高0.6~0.8m。因原路基础多为石质,路面整体状况较好。局部路段由于多年未进行养护,老路路面无横向排水能力,在重型车辆的碾压,老路行车道形成凹槽,现有路面病害以坑槽、车辙为主。排水设施较为简陋,多出路段涵洞排水不畅、淤塞、破损,造成水流冲毁路基,对行车产生不利影响。全线多为依山傍河线形,傍河一侧防护工程较少。原有桥涵0座,涵洞22道,其中圆管涵18道,盖板涵4道,拱涵0道,简易过水路面0m

编制:　　　　　　　　　　　　　复核:

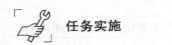 任务实施

学 习 任 务 单

项目名称	沿线调查	任务名称	沿线工程地质调查	任务学时	4学时
课程	公路工程外业勘测	教材	公路勘测设计	任务对象	道桥专业群学生
任务给定 (与职业标准 相对应)		任务目标	完成某三级公路沿线工程地质调查		
		任务要求	1.职业能力:工程地质调查的原则、要点、步骤与方法; 2.职业素养:职业态度,沟通合作,组织与协调能力		
		任务目标分析	1.工程地质调查的原则; 2.工程地质调查的要点; 3.工程地质调查的步骤与方法; 4.科学规范、严谨求实、团结协作、组织沟通、实践创新能力		
任务分析	沿线工程地质调查按公路等级要求完成				
相关知识学习		相关知识点	公路工程地质勘测基本认知、查明公路范围内地貌和地址条件,结合区域地质资料对路基、桥涵等其他结构物的稳定性、适宜性作出评价,了解成果分析与数据处理		
		学习方式	讲解公路地质勘测的原理,推导计算公式;绘制过程平、纵面图,按照规范进行数据处理、校正,编制过程地质报告等		

续上表

任务实施		1. 认真熟悉各类工程地质勘测相关规范规定； 2. 按公路工程某三级公路要求在测量基地进行实地分析； 3. 按公路地质勘测要求进行调查,确定工程地质情况； 4. 确定特殊地段工程地质情况； 5. 在沿线各勘测点做统一编号； 6. 编制过程地质报告
技术指导		1. 在实测完成后针对疑难问题进行专项操作练习； 2. 实测注意事项:在选择勘探点过程中应选择有代表性路段;沿线构造物及特殊路段应单独或加密探点； 3. 教师写任务小结,学生写任务报告
知识链接		1. 教师与学生共同讨论、学习、总结、提高； 2. 学习其他工程地质调查的方法(特大、大、中桥地质钻探)
任务测评	测评方式	1. 知识题与操作题考核； 2. 个人评价、小组互评、教师过程评价综合评定成绩
	测评标准	1. 是否按规范要求选择探点数量(10分)； 2. 探点深度是否达到地质调查要求(20分)； 3. 公路沿线探点布设是否规范(主要突出结构物及特殊路段)(40分)； 4. 调查过程符合科学、规范、严谨、协作的要求(10分)； 5. 任务报告及时上交,内容符合要求,书写整齐,绘图准确(20分)
成果要求		1. 报告主要包括任务名称、任务目标、实施计划、任务实施保障、实施过程、任务小结等部分； 2. 要用尺子和铅笔或计算机绘制实施示意图； 3. 任务小结主要说明实施过程中的难点、解决办法及心得体会； 4. 报告要求字迹工整、表述清楚,也可采用计算机打印并及时上交

任务十五　公路沿线筑路材料调查

 任务描述

公路沿线筑路材料的调查是公路勘察中的一项主要工作，它的成果不仅影响桥涵、防护、路面等工程结构物质量的优劣，而且影响工程造价。筑路材料调查的外业工作时间较短，往往又是在偏僻或边远地区工作，资料缺乏，首先要确定合理的调查方法，从而进行路用材料的调查，如单纯地依赖于习惯上通用的挖采、询问的调查方法，难于达到以上目的，必须突破过去那种局限性的工作方法，广泛应用地质、地貌、地植物以及地物等方面的知识，综合进行调查研究，科学进行分析论证，才可以多快好省地完成任务。

 学习目标

1. 了解公路沿线筑路材料场地。
2. 了解公路沿线筑路材料的调查方法。
3. 路用材料的调查及料场位置的选择与确定。

 知识链接

一、公路沿线筑路材料调查

公路沿线筑路材料包括砂、石、黏土、石灰、砖瓦、粉煤灰、水及其他路用材料。
（1）向当地主管部门调查各种材料产、供、销有关规定，确定由厂、场供应或自采加工生产。
（2）由厂、场供应时，应调查：
①厂、场生产规模与生产能力；
②厂、场生产的材料品质；
③厂、场位置、供应地点、距路距离、运输方式；
④材料价格。
（3）自采加工材料料场调查。
①料场位置、材料品质、储藏量、成料率；
②料场覆盖层厚度、种类、开采范围；
③料场水文地质条件、产状条件、地质条件和地下水深度；
④开采方式与开采季节。
（4）材料供应调查。
①供应范围、上路位置及运距；
②便桥、便道长度及工程数量；
③运输方式；
④对于自采加工材料料场应作必要的勘探，各种材料均应取样试验；
⑤大型料场应测绘1:1000～1:5000地形图及纵、横断面图；
⑥料场占地、便道占地及覆盖层废土的堆置场地及其处理办法；料场取料后，对环境的影响及处理办法调查。

二、工程地质调查方法

1. 地质调查法

根据路线所经地区的地质构造和地质条件的特点,事先掌握好较大范围内的岩石、土壤特征,然后再逐段进行细致的调查工作,这样可以做到心中有数,工作不至于被动。如在单斜构造中较陡的一面,岩石往往裸露,岩性一目了然,开采时也较方便,而平缓的一面,往往有较厚的覆盖层,对调查与开采工作都会增加麻烦。因此应在其陡的一侧进行调查工作,方可收到事半功倍的效果。又如在具有多级台地的河谷中,漫滩阶地中有丰富的现代砂砾冲积物,同时在高级阶地中也会藏着古老砂砾冲积物。熟悉了这个特性,就附合路线布设位置,确定在哪一级台地上有重点地进行调查,不仅可以缩短外业工作时间,同时还可减少运距,降低材料单价。

其次,调查人员应将材料用途与当地地质条件密切结合起来,往往在缺料地区可以找到解决材料的途径,充分做到因地制宜、物尽其用。如陕北黄土地区一般缺少砂和砾石,需要从河谷中远运,这样就会加大工程造价,因此可以利用当地的钙质结核料姜石来做路面。结核富存于老黄土和红土层中。由于这些土层地质年代较老,长期经受着表层雨水和土壤中水淋滤渗透作用,钙质易于在底层聚集而形成结核。此外在冲沟下部的冲积堆或洪积扇中,也由于受雨水和洪流搬运,可以在此处找到次生结核。至于砂的问题,因为陕北是一个稳定的鄂尔多斯台地,具有地层为层理接近水平的砂岩、真岩,无岩浆活动的特点,砂料只有在地层中找寻。同时陕北砂岩结构疏松,出露地表的地方遭受风化作用,加工成为砂料并不困难,所以选择一些质地较纯的原生砂,在"梁"、"赤"、"丘陵"地段的工程,就不必再到河谷中去远运砂料了。又如在石质的秦岭山区内,路面磨耗层所用的细粒料不易找到,砂料很少,开山石屑也不能应用,而花岗岩、片岩的风化碎石却较多,如以混合料塑性指数作为材料能否使用的控制标准,这些风化物就可得到充分利用。

2. 地貌观察法

地貌是大地的标志,它以成因为依据。透过一些明显的外表,再从其本质上加以分析,是可以找到它们的成因规律,使材料调查工作做得缜密而细致。在山麓岩堆处可以找到片石和碎石料堆,尤其在倒石堆、石川、石海处多蔽藏有丰富的天然碎石。这种由山上的风化岩屑受重力作用堆集于坡脚岩堆,堆体上部粒径小,多碎石;下部粒径大,多块、片石。反之在冲、洪积戈壁滩中,随水流搬运能力的逐渐消失,搬运的粒径也由大变小,从卵、砾石逐渐成为砂子。因而需要块石料堆时应在上游地段去寻找,需要砂砾堆时则在下游较多。

一般地区,山脊、陡岸及狭窄的渡口,因石质坚硬,抵抗外力剥蚀和侵蚀能力强,可以作为良好的石料。在平原地区鼓出的山包可能是残山,低洼的沟渠可能是河谷,一般均可找到筑路材料。在河谷的三角洲、河曲的凸岸、谷会(大小河流交会处)容易找到砂砾材料。因为在这些部位河流流速减缓,无力搬运混杂在水中的固体物质,迫使砂砾沉积下来。

岩石的软硬程度不一,抵抗风化也就有差异性,外观上也就有所不同。如在山嘴处硬质岩层呈额状突出,软的则深凹进去,而在山坡处的软硬互层形成波峰起伏,质硬者形成波峰,质软者则构成波谷。

岩石的颜色,可以辅助我们对材料质量加以区别:如白色多为硅、钙质胶结物,质地较好;红色多铁质胶结物,质地次之;黄色为多合土,质量就要差些;黑色为含炭或腐殖质的土,就不能用了。

3. 地植物法

植物生长的种类、疏密、高低是受当地气候、水文与土壤条件所制约的。有些植物对土质和其中含水率反应非常灵敏,具有指示性。熟悉这些植物群落的习性,对材料调查很有帮助。尤其在筑路用水缺乏地区可以应用地植物法寻找水源。如生长芦草、水葱、海韭菜等喜水植物群落的地方，有浅层地下水；反之，如生长篙、沙蓬、樱柳等耐旱植物群落的地方，地下水是埋藏很深的。在新疆、柴达木、河西等地区植物群落与地下水埋藏深度有这样的规律：长马兰花、金戴戴的，深约50cm；长芦草的，深约1m；长菠菠草的，深约2m，长樱柳和铃箫刺灌木丛的，深6~7m；长胡杨木的，深5~10m。

有些植物喜欢在含盐的土壤上繁殖，如盐角草、白利、剪刀股等。有些可以指示出含盐类别和多少，如盐爪爪、盐节木处为氯盐，小叶碱蓬处则为硫酸盐。而生长苦豆子、甘草处的土壤含盐是少的。

4. 地物了解法

地物可为寻找材料提供很好的线索。一般说来为居民所常用的器物是质优而价廉的，如磨子、臼、碾，一都是用耐磨经得起压的石材做成的。要注意了解它们的产地以便进行实地调查。在缺石料地区还应注意当地房屋的勒脚石、打坑砌灶用的石块，这些片石的产地，可以作为调查的对象。如秦岭山区的土壤以碎石质土、砂性土为主，缺少胶结用的黏土，可以从砖瓦厂找到黏土产地，从石灰窑找到石灰石。

对人工器物要敏锐地观察，对天然料堆也要予以仔细地推敲。如河谷中的材料，是由流水从远处搬运来的，则其组成的岩石种类、形状、量比，往往具有这样的规律性：河中含有当地未有的岩石，那它一定是从上游冲下来的，随着这种岩石数量增多，距其产地就愈为接近。因此当我们工作地区的石材质地不佳时，无疑地可从上述规律，另找好的料堆。

在缺料地区观察地物往往可以获得代用材料。如青海达布逊盐湖地区除松软盐清土和坚硬的盐壳外，再无其他材料了，公路建设者就利用这种翘起的板状盐壳，修起了颇负盛名的"万丈盐桥"——盐块路面，汽车在其上行驶的时速可达60km，甚至当地的道班房也是用盐壳代替砖石砌筑起来的。

5. 询问咨询法

向当地居民、基建部门、养路道班（旧路测量或有公路附近的新线测量）询问，是材料调查的辅助方法。由于他们长期生活在那里，熟悉周边的生活环境，有的甚至亲身参与筑路材料的开采和使用，对其品种、质量和数量比较了解。在询问时还要懂得当地居民们对岩石通称的名字，以利于工作。如秦岭巴山山区一般把花岗岩称为"蔚菇石"，石灰岩称为"矿子石"，松砂岩称为"泡砂石"，泥质页岩称为"石殷子石"等。询问后要到实地进行调查。经验证明百闻不如一见，只有深入现场，才能充分了解材料品质、产量、运距、成品率、开采条件等。

总之，对筑路材料采用综合方法进行调查，再加上挖掘必需的试坑和取样现验工作，将道路地质调查的各种方法有机地结合起来，充分应用，可以使材料调查工作较为完善。同时还可以起到合理布置勘探点，节约勘探力量的作用起到事半功倍的作用。

 工程实例

项目名称：某三级公路沿线防护工程。

配备设备：车辆一辆，皮尺，花杆。

配备人员：2~3人。

调查步骤：对沿线筑路材料进行调查，包括路基、路面、构造物等可用的砂料场、水料场、块片石料场等进行调查，记录料场位置对应的路线桩号及到路中心线距离、储量、成色及开采条件等，并取足够数量原材料带回送交具有资质的实验中心检测，确定是否可用。同时需调查外购材料、生活副食品等到工地的里程，为后期编制施工图预算收集第一手资料。

调查成果：见表15-1~表15-3。

沿线筑路材料料场调查表

项目名称:托克逊县工业园区道路新建工程

表 15-1
第 1 页 共 1 页

序号	料场编号	料场名称	料场位置			料场说明	储藏量（km³）	计划用途			覆盖层		开采时间	开采方法	运输方式	通往料场道路情况	备注
			距路线距离（km）		上路桩号			路面	大中桥	其他	种类	厚度(m)	面积(km²)				
			左	右													
1	2	3	4	5	6	7	8	9	10	11	12	13	14	15	16	17	18	19
1	1	天然砂砾	19		Z1K0+000	该料场位于进托克逊县处,右侧300m,砾石和砂岩均呈次滚圆状,母岩以砂岩为主。质地坚硬,多呈青灰色或深灰色。有工程所需的各种产品,储量丰富,有便道通往。可用作路面面层,混凝土工程	丰富						20	四季	机械	汽车	沥青路面	
2	2	级配砾石	19		Z1K0+000	该料场位于进托克逊县处,右侧300m,砾石和砂岩均呈次滚圆状,母岩以砂岩为主。质地坚硬,多呈青灰色或深灰色。有工程所需的各种产品,储量丰富,有便道通往。可用作路面面层,混凝土工程	丰富						20	四季	机械	汽车	沥青路面	
3	3	水	6			本路线用水可从白杨河中抽取,水质清澈,储量丰富								四季	抽取	汽车	沥青路面	

编制：   复核：

沿线筑路材料料场调查表

项目名称:某三级公路沿线防护工程

表 15-2
第 1 页 共 1 页

序号	料场编号	料场名称	料场位置			料场说明	成品率(%)	储藏量(km³)	计划用途				覆盖层		开采时间	运输方式	通往料场的道路情况	所需便道(m)	所需便桥(m/座)	备注
			距路线距离(m)		上路桩号				路面		基层	桥涵及构造物	种类	厚度(m)	面积(km²)						
			左	右					面层												
1	SL1	砂、砾石	100		C312线 K4279+300	本料场位于G312线K4279+300左侧约100m处,此料场已被开采使用过,长约300m,宽约150m,无覆盖层,开采深度可达10m,为戈壁沉积砂砾,其材质均匀、纯净,强度较高,开挖容易,可用作路基填料料场,粒料经筛分后可用于路面,也可用于桥涵及构造物工程	30~50	丰富	√		√	√				全年	自卸车运输	砂砾便道			料场距路线起点约4.1km
2	SL2	砂、砾石	150		K17+650	本料场位于塔西河河滩,沿河两侧纵向分布有丰富的砂砾及卵石,其材质颜色呈青灰次棱角状,均匀,纯净,磨圆度好,石质坚硬,工程开挖等级Ⅲ级,卵漂石含量平均在30%以上,颗粒较多,可用于桥涵及混凝土工程,筛分后可用于路面	30~50	丰富	√		√	√				全年	自卸车运输	砂砾便道			
3	SL3	砂、砾石	100		K28+000	本料场位于塔西河河滩,沿河两侧纵向分布有丰富的砂砾及卵石,其材质颜色呈青灰次棱角状,均匀,纯净,磨圆度好,石质坚硬,工程开挖等级Ⅲ级,卵漂石含量平均在30%以上,颗粒较多,可用于桥涵及混凝土工程,筛分后可用于路面	30~50	丰富	√		√	√				全年	自卸车运输	无便道	150		
4	SW	水	100		全线	沿线塔西河及主干渠均可抽取,水质良好,可用于工程及生活用水		丰富				√				全年	自吸水汽车运输	砂砾便道			
5	N1	黏土	150		K18+500	此料场位于路线左侧约150m山坡脚下,土质黄色均匀,开采深度在1.5m以上	>70	丰富			√					全年	自卸车运输	无便道	150		可用于路级配砾石掺配

编制: 复核:

沿线筑路路材料料场调查表

表 15-3
详勘－12
第 1 页 共 1 页

Y395 线（铁热克镇－苏拉合玛（苏干村））重要农村公路改建公路

序号	试样编号	料场位置	试样名称	取样深度(m)	颗粒分析试验结果		液塑限试验结果		易溶盐试验结果			击实试验结果		粗集料技术性能试验			备注
					实测试验值	土名称代号	实测试验值(%)	技术要求试验(%)	实测试验值(%)	技术要求试验(%)	盐渍土类别	实测值(最大干密度 g/cm^3)	技术要求试验值	针片状实测试验值(%)	压碎值实测试验值(%)	技术要求试验值(%)	结论
1	1	K2+290 右侧 100m	天然砂砾	0.5~3.5	$C_c=0.30$ $C_u=28$	级配不良砾 Gp	$w_1=25.2$ $I_p=4.8$	$w_1<28$ $I_p<9$	0.234	<0.5%	亚硫酸盐渍土非盐渍土	2.23	—	1.5	13		用于路面底基层、路基填料
2	2	K8+180 右侧 100m	天然砂砾	0.5~4.0	$C_c=1.6$ $C_u=54.8$	级配良好砾 GW	$w_1=21.2$ $I_p=4.9$	$w_1<28$ $I_p<9$	0.37	<0.5%	亚硫酸盐渍土非盐渍土	2.27	—	2.56	15.1	压碎值要求：面层≤30%；底基层≤40% 针片状要求：<20%	用于路面基层、底基层、路基填料
3	3	K12+410 右侧 35m	天然砂砾	0.8~3.6	$C_c=0.3$ $C_u=30.00$	级配不良砾 GP	$w_1=20.8$ $I_p=5.1$	$w_1<28$ $I_p<9$	0.226	<0.5%	亚硫酸盐渍土非盐渍土	2.18	—	4	15.7		用于路基填料

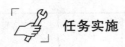任务实施

学习任务单

项目名称	沿线调查	任务名称	沿线筑路材料调查	任务学时	4学时
课程	公路工程外业勘测	教材	公路勘测设计	任务对象	道桥专业群学生
任务给定（与职业标准相对应）	任务目标		完成某三级公路筑路材料的调查		
	任务要求		1.职业能力：筑路材料调查的原则、要点、步骤与方法； 2.职业素养：职业态度、沟通合作、组织与协调能力		
	任务目标分析		1.筑路材料调查的原则； 2.筑路材料调查的要点； 3.筑路材料调查的步骤与方法； 4.科学规范、严谨求实、团结协作、组织沟通、实践创新能力		
任务分析	筑路材料应按规范要求进行调查				
相关知识学习	相关知识点		公路筑路材料基本认知，各种筑路材料在公路工程中的应用，调查成果分析与数据处理		
	学习方式		讲解筑路材料在管理过程中的作用，推导计算公式；绘制筑路材料供应示意图，按照筑路材料的要求进行试验，最后进行数据处理、校正等		
任务实施	1.认真熟悉、检查仪器，并做好清单记录； 2.按照筑路材料的要求在测量基地进行实地分析； 3.结合现场实际情况确定料场位置及探明储量； 4.在拟定各料场进行取样及现场试验； 5.确定某三级公路筑路材料用量，并调查外购材料单价； 6.绘制沿线筑路材料供应示意草图				
技术指导	1.在实测完成后针对疑难问题进行专项操作练习； 2.实测注意事项：筑路材料料场宜就近选择在开阔、方便运输的地方；进行必要的现场试验； 3.教师写任务小结，学生写任务报告				
知识链接	1.教师与学生共同讨论、学习、总结、提高； 2.学习其他				
任务测评	测评方式		1.知识题与操作题考核； 2.个人评价、小组互评、教师过程评价综合评定成绩		
	测评标准		1.料场位置设置合理(10分)； 2.料场可开采量满足建设要求(20分)； 3.现场试验数据具有适用性、真实性(40分)； 4.过程符合科学、规范、严谨、协作的要求(10分)； 5.及时上交任务报告，内容符合要求，书写整齐，绘图准确(20分)		
成果要求	1.报告主要包括任务名称、任务目标、实施计划、任务实施保障、实施过程、任务小结等部分； 2.要用尺子和铅笔或计算机绘制实施示意图； 3.任务小结主要说明实施过程中的难点、解决办法及心得体会； 4.报告要求字迹工整、表述清楚，也可采用计算机打印并及时上交				

任务十六　公路沿线其他相关资料调查

任务描述

现有某矿区新建公路项目,经过一定的外业勘测,平面测量、纵断面和横断面测量已经完成,该公路经测设总长为 30.688km,为了能够使所设计公路与环境更加协调,加强工程的实用性和各项功能的发挥,以及加强对工程概预算费用的进一步精确和节约,提高预算的精确度,使设计资料更好地去指导施工,除了上述项目所调查内容以外,还需要对沿线公路占用土地、拆迁建筑物、构筑物、沿线伐树、挖根、除草的疏密程度及长度以及临时工程进行调查,并按照规范进行外业记录,为后续的内业概预算提供原始数据。

具体任务:某矿区新建公路项目,沿线路线交叉、占地、原有构造物调查与建筑物拆迁、伐树、挖根、电力拆迁或迁移等逐一调查并按照规范格式记录原始数据。

学习目标

1. 路线交叉勘测、调查、记录。
2. 沿线占地、拆迁的调查与记录。
3. 伐树、挖根、除草的调查与记录。
4. 临时工程调查。

知识链接

一、路线交叉应调查资料

原始数据记录见表 16-1。

平面交叉数据记录一览表　　　　　　　　　　表 16-1

工程名称:　　　　　　　　　　　　　　　　　　　　　　第 1 页　共 1 页

序号	中心桩号	交角(°)	交叉形式	被交叉公路等级	被交叉公路路面类型	被交叉公路路面宽度	交叉情况				宽度(m)	长度(m)	备注
							路面面积(m²)						
							沥青表处	级配砾石	天然砂砾	透层油			
1													
2													
3													
4													
5													
6													
7													
合计													

编制:　　　　　　　　　　　　　　　　　　复核:

1. 公路与公路交叉

(1)被交叉公路的名称、交叉位置、地名及里程、修建时间、公路等级及其在路网中的作用。

(2)被交叉公路的技术标准、交叉角度、纵坡坡度、路基宽度、路面宽度、路面结构类型及厚度、排水和防护工程情况。

(3)补充调查被交叉公路近期交通量、交通组成,以及今后的转向车流交通量、交通组成。

(4)被交叉公路的发展规划。

2. 公路与铁路交叉

(1)铁路名称、等级、轨道数、运行情况、交叉位置地名、公路与铁路交叉处里程。

(2)铁路的技术标准、发展规划和可能的交叉形式。

3. 公路与乡村道路交叉

(1)被交叉道路的性质、路基宽度、路面宽度、路面结构、排水条件、交通量及发展规划。

(2)拟定的交叉位置、形式、交叉角度和采用的技术标准。

4. 公路与管线交叉

(1)管线与公路交叉的位置、长度、交叉角度、悬空高度或埋置深度。

(2)管线的种类、型号、规格、用途、编号、敷设时间。

二、沿线占地、拆迁调查资料

1. 占用土地调查(见表16-2)。

公路占地包括公路工程用地、管理服务设施用地、安置用地和施工用地,应按设计的用地范围,以行政乡为单位进行土地的种类、数量、所有人或单位、常种作物和产量调查。

占用土地数据记录一览表　　　　　　　　　　　　　　　　表16-2

项目名称:　　　　　　　　　　　　　　　　　　　　　　第1页共1页

序号	起讫桩号	长度(m)	宽度(m)	所属县、乡	土地类别及数量(m²)					备注
					草场	县乡道路	耕地	机耕道	戈壁	
	合计									

2. 拆迁建筑物、构筑物调查(见表16-3、表16-4)。

拆迁建筑物数据记录一览表　　　　　　　　　　　　　　　　表16-3

项目名称:

桩号	距路中线距离(m)		何单位或个人所有	建筑物种类									备注
	左	右		木结构(m³)	钢筋混凝土(m³)	浆砌(m³)	石砌(m³)	围墙(m)	栅栏(m)	篱笆(m)	房屋(m²)	牛羊圈(m²)	
1	2	3	4	5	6	7	8	9	10	11	12	13	14
合计													

拆迁建筑物数据记录一览表

表16-4
第 页 共 页　项目名称
第 2 页 共 2 页

项目名称	桥涵中心桩号	交角(°)	河流名称	流向	河床地质情况	孔数-跨径(孔-米)	结构类型 上部	结构类型 下部	进出口形式 进口	进出口形式 出口	原有构造物 长度 全长(m)	原有构造物 长度 左(m)	原有构造物 长度 右(m)	盖板涵 材料	盖板涵 现状	台身 材料	台身 现状	台基 材料	台基 现状	序号	桥涵中心桩号	铺砌 材料	铺砌 现状	进出水口设施 材料	进出水口设施 现状	结构物总体评价	建议处理措施	拆除数量(m³) 钢筋混凝土	拆除数量(m³) 浆砌卵石	备注

编制：　　　　　　　　　　　　　　　　　　　　　　　　　　　　复核：

(1)需要拆迁的各类建筑物、构筑物的位置、结构状况和数量。必要时,应进行路线中线放线,测量路线距建筑物的距离、建筑物的尺寸等。

(2)与铁路、公路、水利、电力、电信各种管道等发生干扰时,应会同主管部门现场查看,协商处理方案。

三、伐树、挖根、除草的调查(见表16-5)

调查沿线伐树、挖根、除草的疏密程度及长度。

砍树挖根工程数量记录一览表　　　　　　　　　　　　　　表16-5

项目名称：　　　　　　　　　　　　　　　　　　　　　　　第1页 共1页

序号	起讫桩号	长度(m)	宽度(m)		何单位或何人所有	除草(1000m²)		移挖灌木丛(m²)		移树挖根直径大于10cm(棵)		移树挖根直径小于10cm(棵)		备注
			路中线			稀	密	稀	密	稀	密	稀	密	
			左	右										
1	2	3	4	5	6	7	8	9	10	11	12	13	14	15
1														
2														
3														
4														
5														
6														
合计														

编制：　　　　　　　　　　　　　　　　复核：

四、临时工程调查

(1)沿线可供利用的已有公路、桥梁和应修建的施工便桥、便道等的位置及长度。

(2)沿线施工场地,包括预制场、拌和场、施工单位住地等场地,以及可供施工利用的房屋。

(3)调查沿线电力、电信线路情况并向有关部门了解路线附近的原有电力、电信设施和架设公路临时电力、电信线路的可能性,并估计其长度。记录见表16-6。

拆迁电力、通信设施数量记录一览表　　　　　　　　　　表16-6

项目名称：

起讫桩号	交叉角度	拆迁长度	所属单位	用途	电杆			电线			距路中线距离			备注
					种类	编号	根数	长度	根数	总长	左(m)	中(m)	右(m)	
1	2	3	4	5	6	7	8	9	10	11	12	13	14	15
合计														

编制：　　　　　　　　　　　　　　　　复核：

工程实例

现有某矿区新建公路项目,经过一定的外业勘测,平面测量、纵断面和横断面测量已经完成,该公路经测设总长为30.688km,为了能够使所设计公路与环境更加协调,加强工程的实用性和各项功能的发挥,对沿线路线交叉、占地、原有构造物调查与建筑物拆迁、伐树、挖根、电力拆迁或迁移等逐一调查并按照规范格式进行原始数据的记录。

勘察与调查方法:通过文献查阅、走访、调研、对比、现场调查、丈量计算等。

调查设备:车辆、网络电脑、全站仪、钢尺、各类规范记录本等。

人员配备:4~5人。

具体步骤:

(1)此项目为三级公路,首先熟悉相关内容及调查规范与方法。

(2)采取集中调查后与业主和技术人员进行沟通、了解。

(3)对本组调查人员进行分工,各自记录调查一类数据。根据公路等级为三级,路面宽度为6.5m,以及现场的中桩和横断面情况进行逐一调查记录平面交叉情况、占用土地情况、拆迁建筑物情况、原有构造物情况统计、砍树挖根工程数量情况以及拆迁电力、通信设施情况。

(4)对所取得的原始调查数据进行集中讨论和与当地交通主管技术人员进行沟通,进一步交流并确认。

形成成果:对沿线进行全面调查与勘查统计(见表16-7、表16-8、表16-9、表16-10)

平交记录一览表 表16-7

工程名称:某矿区三级公路新建项目　　　　　　　　　　　　　　　　第1页 共1页

序号	中心桩号	交角(°)	交叉形式	被交叉公路等级	被交叉公路路面类型	被交叉公路路面宽度	交叉情况				宽度(m)	长度(m)	备注
							路面面积(m²)						
							沥青表处	级配砾石	天然砂砾	透层油			
1	K6+060	90	十字形	乡道	级配碎石	4.5m		29.25			4.50	6.5	
	合计												

编制:　　　　　　　　　　　　　　　　复核:

征用土地记录一览表 表16-8

项目名称:某矿区三级公路新建项目　　　　　　　　　　　　　　　　第1页共1页

序号	起讫桩号	长度(m)	宽度(m)	所属县、乡	土地类别及数量(m²)					备注
					草场	县乡道路	耕地	机耕道	戈壁	
1	K3+080~K4+020	400	3.6	××县××乡	24		120			
	合计	400	3.6							

编制:　　　　　　　　　　　　　　　　复核:

砍挖树根记录一览表　　　　　表16-9

项目名称:某矿区三级公路新建项目　　　　　第1页共1页

序号	起讫桩号	长度(m)	宽度(m) 路中线		何单位或何人所有	除草(1000m²)		移挖灌木丛(m²)		移树挖根直径大于10cm(棵)		移树挖根直径小于10cm(棵)		备注
			左	右		稀	密	稀	密	稀	密	稀	密	
1	2	3	4	5	6	7	8	9	10	11	12	13	14	15
1	K4+300～K5+080	780	2.8		×××县×××乡						3	7		
2														
3														
4														
5														
6														
合计		780									3	7		

编制：　　　　　复核：

拆迁电力、通信设施记录一览表　　　　　表16-10

项目名称:某矿区三级公路新建项目

起讫桩号	交叉角度	拆迁长度	所属单位	用途	电杆			电线			距路中线距离			备注
					种类	编号	根数	长度	根数	总长	左(m)	中(m)	右(m)	
1	2	3	4	5	6	7	8	9	10	11	12	13	14	15
K9+300～K9+480	15	100	××县电业局	家用	木杆		6	120	2	240	3			
合计														

编制：　　　　　复核：

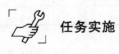
任务实施

学 习 任 务 单

项目名称	沿线调查		任务名称	沿线其他内容调查	任务学时	4学时
课程	公路工程外业勘测		教材	公路勘测设计	任务对象	道桥专业群学生
任务给定（与职业标准相对应）	任务目标	完成某三级公路沿线其他相关内容调查				
	任务要求	1. 职业能力:沿线其他相关内容勘察与调查的原则、步骤与方法； 2. 职业素养:职业态度、沟通合作、组织与协调能力				
	任务目标分析	1. 路线交叉勘测调查与记录； 2. 沿线占地、拆迁的调查与记录； 3. 伐树、挖根、除草的调查与记录； 4. 临时工程调查； 5. 科学规范、严谨求实、团结协作、组织沟通、实践创新能力				

续上表

项目名称	沿线调查		任务名称	沿线其他内容调查	任务学时	4 学时
任务分析	沿线其他相关内容勘察与调查按公路等级要求完成					
相关知识学习		相关知识点	各项内容调查原理及调查方法与步骤			
		学习方式	讲解调查公路其他相关内容以及各项调查表的规范填写,借鉴已完成的调查成果并分析讨论			
任务实施	1.认真熟悉各类其他相关内容勘测的相关规范; 2.按某三级公路要求在项目基地进行实地分析; 3.分工进行各项内容的调查并按照规范格式填写原始调查数据; 4.小组对所调查的各项数据进行核实					
技术指导	1.在实测完成后针对疑难问题进行专项操作练习; 2.实测注意事项,应全线调查,数据的计算与统计应科学; 3.教师写任务小结,学生写任务数据表					
知识链接	1.教师与学生共同讨论、学习、总结、提高; 2.学习高速公路其他相关内容的调查方法					
任务测评		测评方式	1.知识题与操作题考核; 2.个人评价、小组互评、教师过程评价综合评定成绩			
		测评标准	1.是否按规范要求选择勘察与调查内容(20分); 2.勘察内容与调查数据计算方法和记录是否符合规范(50分); 3.过程符合科学、规范、严谨、协作的要求(10分); 4.及时上交任务数据表,内容符合要求,书写整齐(20分)			
成果要求	1.报告主要包括任务名称、任务目标、实施计划、任务实施保障、实施过程、任务小结等部分; 2.要用尺子和铅笔或计算机绘制实施示意图; 3.任务小结主要说明实施过程中的难点、解决办法及心得体会; 4.报告要求字迹工整、表述清楚,也可采用计算机打印并及时上交					

附录一

Y395 线（铁热克镇—苏干村）重要农村公路改建工程工程地质勘察报告书

一、任务依据与勘察过程

（1）新疆立弓公路设计研究院（原新疆立弓公路设计所）与新疆拜城县交通局签订的《Y395 线（铁热克镇—苏干村）重要农村公路改建工程项目勘察测设合同》。

（2）依据外业勘测队确定的路线以及其他测量组提供的勘察技术要求和资料单，地调组承担了 Y395 线（铁热克镇—苏干村）重要农村公路改建工程项目项目岩土工程勘察任务。

本次勘察为详勘，2008 年 9 月 26 日进入场地，当日即对勘察路段实施实地踏勘后展开准备工作，共勘察里程 17.305km，针对路线、桥涵、原路基以及筑路料场进行了踏勘、挖探、野外取样工作，于 2008 年 10 月 24 日完成外业工作，随即进行了试验、资料整理以及报告编制工作。

二、执行规范

（1）《公路工程地质勘察规范》（JTJ 064—98）。
（2）《公路工程技术标准》（JTG B01—2003）。
（3）《公路勘测规范》（JTG C10—2007）。
（4）《公路桥涵地基与基础设计规范》（JTG D63—2007）。
（5）《公路土工试验规程》（JTG E40—2007）。
（6）《岩土工程勘察规程》（GB 50021—2001）。
（7）《公路桥梁抗震设计细则》（JTG/T B02-01—2008）。
（8）《新疆盐渍土地区公路路基路面设计与施工规范》（XJT J01—2001）。
（9）《公路工程水质分析操作规范》（JTJ 056—84）。
（10）《中国地震动参数区划图》（GB 18306—2001）。

三、勘察目的与任务

1. 勘察目的

在可行性研究的基础上对公路工程建筑场地进一步做好工程地质勘察工作，为确定工程场地、设计方案和编制设计文件，提供必要的工程地质依据。

2. 勘察任务

（1）充分收集并研究沿线各地的区域地质、气象、水文、地震等资料。

（2）查明道路沿线地层结构、类别和厚度及各岩土层物理力学性质，提供地基承载力，分析评价地基稳定性。

（3）查明道路沿线不良地质现象的类型、成因、分布范围，对拟建路段稳定性的影响作出评价及防护措施。

（4）查明拟建公路的地下水类型、埋藏条件、水位变化幅度与规律及其建筑材料的腐蚀性。

（5）查明地基土的含盐量情况及其对建筑材料的腐蚀性。

四、勘察方法与完成工作量

本次勘察主要采用现场踏勘、挖探、室内试验等相结合的勘察方法：

（1）沿线地质勘察以挖探为主，共布设探坑16个，公路沿线间距控制在1000m左右布置一个探坑，探坑点的布设沿原有道路两侧行车道边缘布设，其中路基探坑13个，勘探深度为2.0m，料场探坑3个，深度为4m，取样采取土工常规试验、化学试验等试验方法，综合评价了公路沿线地质的工程适宜性。

（2）对拟建的构造物采用挖探方法进行勘察，查明其地层地质条件。

（3）对沿线筑路材料料场的勘察主要以现场踏勘结合取样试验的方法，查明料场的工程地质条件以及筑路材料的质量、储量、成品率和运输条件。

勘察工作量统计表见附表1-1：

勘察工作量统计表　　　　　　　　　　　　　　附表1-1

序号	工作内容		工作量		备注
	勘探方法	项目	单位	数量	
1	勘探	挖探（16个）	个/总进尺	16/48m	
2	取样	扰动样	件	65	
3	室内试验	颗粒分析试验	项	7	
		液塑限联合试验	项	7	
		易溶盐分析	项	68	
		击实试验	项	3	
		粗集料技术性能试验	项	3	
4		工程测绘面积	m²	5191500	

五、自然地理概况

1. 地理位置

拜城县地处天山山脉中段南麓，在新疆维吾尔自治区的中部偏西，北纬41°24′~42°51′，东经80°37′~83°03′，势西北高东南低，北面是雄伟的天山主脉，海拔在4500m以上，终年积雪，发育众多冰川，西部和南部是却勒塔格山，海拔在1180~1400m之间。在四周群山环抱之中，阿克塔什山间盆地位于天山主干南麓与克孜尔山之间，拜城山间盆地介于克孜尔山与却勒塔格之中。路线受周围地势、农田、房屋、树木的限制。

2. 气候条件

项目所在区域属暖温带大陆性干旱气候区，年降水稀少，平均为65mm，而蒸发量高达2604.9mm，年平均气温8℃，该区域日照时间长，全年日照平均为2822h，最大冻土深度125cm。

主要气象要素见附表1-2：

主要气象要素 附表1-2

项 目	单 位	指 标	项 目	单 位	指 标
年平均气温	℃	8	平均年蒸发量	mm	2604.9
极端最高气温	℃	40.1	最大风速	m/s	30
极端最低气温	℃	-29.4	主导风向		W、N
最大冻土深度	cm	125	无霜期	天	220
平均年降水量	mm	65			

3. 地震基本烈度

项目区域地震动峰值加速度为 $0.15g$，相当于地震基本烈度值Ⅶ度，桥涵等构造物设计按规范进行抗震设计。

六、区域地质概况

1. 地质概况

拟建公路位于天山地槽褶皱地中部，地质构造属南天山冒地槽褶皱带的喀尔勒克塔格山复背斜的中东段和塔格拉克山前坳陷的西北段。北与北天山优地槽褶皱带毗邻。地层下以古生界的志留物系变质岩为主，主要分布于境内北部山区；上古生界和中新生界沿积岩层主要分布在境内中部、南部的中低山和山前地带。地层沉积构造特征：古生代时期为天山地槽，中新生界分布在山前坳陷和山间坳陷中，均为陆相沉积；三叠系为红色碎屑沉积；侏罗系为含煤建造和红层；第四系为冰碛的砾石和砂土。

2. 水文地质概况

拜城县境内的水流主要由冰川融水与地表水、地下水构成。县境内的木扎提河流域的冰川是一个储量丰富的固体水库。县境内地表水资源全部为山区降水、融冰雪水补给，通过木扎提河、喀普斯浪河、台勒维丘克河、喀拉苏河和克孜尔河流入盆地，年径流量为 27.54 亿立方米，加各处溢出泉水 5.24 亿立方米，每年地表总径流量为 32.78 亿立方米，灌溉水源比较丰富。拜城盆地与黑英山盆地是两个很大的地下水库，对蓄洪补枯的调节作用很大，动贮总量 10.05 亿立方米。

七、沿线工程地质条件

1. 路线起始点、控制点

本项目起点位于 X346 线 K41+363 处，X346 线音西铁列克煤矿线路起点位于拜城县 X346 线 K41+363 处，终点位于音西铁列克煤矿，总里程为 17.305km。

2. 原有公路状况

(1) 路基：项目全线为早年修建简易砂石路，路基宽 5~9m，路基高 0.2~0.6m。由于路线所处地为山岭重丘区，填筑材料丰富，级配良好，强度较高，路基稳定，部分路段有碎落、崩塌现象。原有道路路面为砂砾路面，路况整体较好，局部路段以坑槽、车辙为主。

(2) 路面：老路路面为砂砾路面，整体状况较好。局部路段由于多年未进行养护，老路路面无横向排水能力，在重型车辆的碾压，老路行车道形成凹槽，现有路面病害以坑槽、车辙为主。沿线原有路基较稳定，地层主要为砾类土，稍湿，稍密~中密。由中、粗砂填充，容许承载力 $[\sigma_0]=240\sim350$ kPa。工程地质条件良好。

(3) 排水与防护：项目排水设施较为简陋，多出路段涵洞排水不畅、淤塞、破损，造成水流冲毁路基,对行车产生不利影响。全线多为依山傍河线形,傍河一侧防护工程较少,致使水流冲毁路基,如 K0+820～K0+920、K1+000～K1+120 等,具体段落详见设计文件中路基防护工程。如附图 1-1～附图 1-4。

附图 1-1

附图 1-2

附图 1-3

附图 1-4

3. 特殊性岩土——盐渍土

根据《新疆盐渍土地区公路路基路面设计与施工规范》(XJT J01—2001)与《公路土工试验规程》(JTG E40—2007)的标准,对沿线每个探坑均取土样做易溶盐试验,根据试验结果结合现场勘查,公路沿线划分为以下盐渍土段落:

(1) K0+000～K4+000,地基土 0～1.00m 为非盐渍土。

(2) K4+000～K5+200,地基土 0～1.00m 为硫酸盐渍土弱盐渍土。

(3) K5+200～K7+000,地基土 0～1.00m 为亚硫酸盐渍土弱盐渍土。

(4) K7+000～K8+100,地基土 0～1.00m 为非盐渍土。

(5) K8+100～K9+500,地基土 0～1.00m 为氯盐渍土弱盐渍土。

(6) K9+500～K10+800,地基土 0～1.00m 为亚硫酸盐渍土弱盐渍土。

(7) K10+800～K12+600,地基土 0～1.00m 为非盐渍土。

(8) K12+600～K14+400,地基土 0～1.00m 为硫酸盐渍土弱盐渍土。

(9) K14+400～K17+305,地基土 0～1.00m 为非盐渍土。

4. 沿线水文地质条件

(1) 地表水。地表水主要有农田灌溉水、大气降水。

(2) 地下水。本次勘察范围内未发现地下水。

5. 特殊路基评价及处理措施

①K4+850～K5+100 段为红黏土段,长 250m。黏土层厚 0.4～0.6m,对原来的路基填料进行换填 0.6m 处理。如附图 1-5。

②在局部挖方段做好防雪措施处理。

附图 1-5

八、工程地质条件评价

1. 环境类别

根据沿线气候、岩土层等条件,综合判定路线环境类别为Ⅱ类环境。

2. 地震基本烈度

项目区域地震动峰值加速度为 $0.15g$,相当于地震基本烈度值Ⅶ度,桥涵等构造物设计按规范进行抗震设计。

3. 水的腐蚀性评价

本次勘察范围内未发现地下水,可不考虑地下水对路基的腐蚀性。

4. 土的腐蚀性评价

根据沿线地质调查土工试验(易溶盐)汇总表,地基土在 $0\sim1.0m$ 范围内为非~弱盐渍土,对混凝土中钢筋的腐蚀性不大。

5. 盐胀性评价

本项目为三级公路,地基土 $0\sim1.0m$ 范围内,根据沿线土工化学分析结果:全线地基土中 Na_2SO_4 含量 $\leq2\%$,属非盐胀土。路基土不考虑盐胀影响。

九、桥涵工程地质条件

1. 小桥岩土工程勘察说明

(1)工程概况。本次调查共有3座小桥,K8+186处为 $2\sim8m$ 钢筋混凝土板桥,K13+155处、K15+022处为 $1\sim16m$ 钢筋混凝土矩形板桥。如附图1-6。

附图 1-6

(2)地层地质条件。依据勘察规范要求及现场地形条件,主要针对K8+186处、K13+155处、K15+022处进行挖探,共布置了3个桥位探坑,每个探坑深5m。

圆角砾:层厚 $4.2\sim5.0m$,灰色,稍湿,稍密,地基承载力基本容许值 $[\sigma_0]=300\sim400kPa$。

(3)地基土工程地质评价。K8+186处、K13+155处、K15+022处持力层为砾类土,地基承载力基本容许值 $[\sigma_0]=300\sim400kPa$,工程性能较好。

(4)水文地质条件。本次勘察范围内发现的地下水主要为地表水渗流。

(5)地震烈度。桥址所在区域地震动峰值加速度为 $0.15g$,相当于地震基本烈度值Ⅶ度,桥涵等构造物设计按规范进行抗震设计。

(6)结论与建议。

①本场地地层结构较简单,属一般性勘察场地。

②建议采用明挖扩大基础。

③地震动峰值加速度为 $0.15g$,地震基本烈度值Ⅶ度,采取必要的抗震设计。

④最大冻土深度125cm。

2. 涵洞

原有桥涵构造物大多为农民工自行修建,经长时间使用,结构破坏较为严重,大部分构造物现已出现沉陷、破裂、淤积、结构不完整等损坏现象,如附图1-7。

本项目涵洞共64道,新建2道,拆除重建52道,其中钢筋混凝土盖板涵54道,钢筋混凝土圆管涵10道。

由于沿线地层较单一,岩性变化不大,桥涵地基土评价及腐蚀性评价可参考就近沿线地层及试验数据,作出以下结论与建议:

(1)本区地震基本烈度为Ⅷ度,设计基本地震加速度值为0.15g之间。应采取必要的抗震设计。

(2)地基土基本为砾类土,基底不需要换填处理。

(3)本区最大冻土深度125cm。

附图 1-7

十、沿线筑路材料料场工程地质条件

本项目工程筑路材料经调查共有:砂、砾石料场1处,天然砂砾料场3处,水料场在沿线附近的河道中抽取。

1.砂砾石料场

该料场位于S307线K86+500右侧0.3km处拜城县新建砂石料场,距离起点43km,通行方便,可采用汽车运输,储量丰富。

工程开采等级Ⅲ级,经相关试验检测,满足路面砂砾料的质量要求,作为沿线路面、桥涵工程用料料场。

2.天然砂砾料场

(1)位于路线K2+920右侧100m处天然砂砾料场,地表有0.4m左右覆盖层,以下为天然砂砾层,为大型泥石流冲积而成的砂砾层,砾石和砂均呈角砾状,多呈青灰色或深灰色,质地坚硬,储量丰富,粒径含量分布均匀,成品率在30%~50%,通行方便,可采用汽车运输。工程开采等级Ⅲ级,经相关试验检测,符合规范要求,作为沿线路基、路面底基层用料料场。

(2)位于路线K8+180右侧100m处,地表有0.4m左右覆盖层,以下为天然砂砾层,砾石和砂均呈角砾状,母岩以砂岩为主。质地坚硬,多呈青灰色或深灰色。储量丰富,成品率在40%~50%,有便道通往,开采运输方便。工程开采等级Ⅲ级,经相关试验检测,符合规范要求,作为沿线路基、路面基层、底基层用料料场。

(3)位于路线K12+410右侧35m处天然砂砾料场,地表有0.4m左右覆盖层,以下为天然砂砾层,为大型泥石流冲积而成的砂砾层,砾石和砂均呈角砾状,母岩以砂岩为主,质地坚硬,多呈青灰色或深灰色,储量丰富,成品率在30%~50%,开采运输方便。工程开采等级Ⅲ级,经相关试验检测,符合规范要求,作为沿线路基用料料场。

3.卵石料场

位于路线K8+180右侧100m处,地表有0.4m左右覆盖层,以下为天然砂砾层,砾石和砂均呈角砾状,母岩以砂岩为主。质地坚硬,多呈青灰色或深灰色。储量丰富,成品率在40%~50%,有便道通往,开采运输方便,可用于排水、防护工程。

4.水料场

可从沿线的河道中抽取,水料场质量满足规范要求,资源丰富,可作为工程用水料场。

十一、结论与建议

（1）本项目地形属于山岭重丘区，地势起伏较大，地层结构较为简单，地表出露地层多为冲、洪积而成的砂砾石。

（2）局部盐渍土路段地质较差，土质类型属氯盐、亚硫酸盐非～弱盐渍土，适当提高路基，路基均远运砂砾填筑。

（3）在路线一侧傍山，一侧傍河段应设好防洪堤、导流坝等构筑物以对洪流有所约束，并在沿线低洼处设桥、涵等排水构筑物，从而在低洼处逐渐形成固定的河槽，防止洪水以散流、片流形式蔓延，以尽可能减少其对路基带来的危害。

（4）本项目工程抗震设防烈度为Ⅶ度，设计基本地震加速度 $0.15g$，桥涵构造物要进行抗震设计。

（5）本项目工程筑路材料经调查共有：天然砂砾料场 3 处，砂砾石料场 1 处，卵石料场 1 处，通行方便，储量满足工程筑路材料的需求。

（6）本项目所在区域最大冻土深度 125cm。

附录二

拜城县西矿区公路建设项目外业勘测汇报

一、概述

本项目位于新疆阿克苏地区拜城县境内,是联结拜城县和矿区的重要公路。沿线个别段落有汽车碾压形成的简易便道,且多数在自然河道中,通行条件较差,随着拜城县矿业的发展,此路的改建已成当务之急。

1. 任务依据

(1)2008年9月,拜城县交通局下达的关于《拜城县西矿区公路建设项目》项目的委托书。

(2)拜城县交通局关于《拜城县西矿区公路建设项目》项目的合同。

2. 路线起讫点、主要控制点

西矿区路段起点位于X346线K41+363处,终点位于音西铁列克煤矿。沿线有乡镇、矿部生活区、矿区,共聚居着约3万人口。这条路线是当地矿区与县城之间交往的必经之路,同时也是与外界交流与物资运输的唯一通道。

3. 设计标准(见附表2-1)

设 计 标 准　　　　　　　　　　　　　　　　附表2-1

序号	项　　目		单位	技术标准	实际采用的指标
1	公路等级			三级	三级
2	设计速度		km/h	30	30
3	路基(路面)宽度		m	7.5	6.5
4	桥涵设计汽车荷载等级			公路—Ⅱ级	公路—Ⅱ级
5	圆曲线半径	一般值/极限值	m	65/30	35
		不设超高最小值	m	350	350
6	平曲线最小长度	一般值/最小值	m	≥50/50	51.594
7	最大纵坡		%	9	7.858
8	最小坡长		m	100	100
9	竖曲线最小半径	凸形 一般值/极限值	m	400/250	900.000
		凹形 一般值/极限值	m	400/250	800.000
10	竖曲线最小长度(一般值/极限值)		m	25/25	33.86
11	停车视距		m	40	40

4. 工程数量（见附表 2-2、附表 2-3）

主要工程数量表　　　　　　　　　　　　　附表 2-2

主线（K0+000～K17+294.42）

项目		单位	数量	备注
路线长度		km	17.305	
安全设施	标志	块	42	警告标志 21、指示标志 4、公里标志 17
	标线	m²	1038.3	
	护栏	m	120	分别按防护形式计列
特殊路基处理		m/处	—	
路面		1000m²	112.4825	4（沥青混凝土）+18（水稳）+25（砂砾）
涵洞		m/道	63	圆管涵 3 道、盖板涵 60 道
小桥		m/座	3	
中桥		m/座	0	
过水路面		m/座	60/1	水泥混凝土过水路面
排水防护工程		m³/m	14945	土质边沟 2305、浆砌边沟 5655、边坡防护 6950、拦水坝 35
路线交叉		处	2	T 形交叉 1 处
征用土地		m²	0	分别按用地类型、数量计列
拆迁房屋/围墙		m²/m	0	分别按拆迁房屋/围墙的结构计列
拆迁电力/电信杆		根	1	通信电杆 1 根

完成的主要测量工作量　　　　　　　　　　附表 2-3

序号	项目	单位	数量	序号	项目	单位	数量
1	勘测里程	km	17.305	4	横断面	断面	1239
2	地形勘测面积	km²	6.922	5	交点	个	81
3	中平	个	1239	6	水准点	个	18

5. 主要勘察工作量（见附表 2-4）

主要勘察工作量（示例）　　　　　　　　　　附表 2-4

序号	项目		单位	数量
1	勘测里程		km	17.305
2	钻探	总进尺/孔数	m/个	34/17
3	探坑		m/个	1000/1
4	地质调查观测点		个	17
5	工程地质测绘	总面积	km²	6.922
6	取土样试验	扰动样	件	
7	原位测试	标准贯入试验	个	
		轻型触探	个	
		静力触探	个	

续上表

序号	项目		单位	数量
8	土工试验	液塑限	组	
		筛分	组	
		含水率	组	
		天然密度	组	
9	化学试验	易溶盐	组	
		地表水水质分析	组	
		地下水水质分析	组	
10	老路	压实度	个	
		弯沉	点/km	

6. 路基填料、底基层、基层（砂砾料）试验。（见附表2-5、附表2-6）

路基填料试验（示例） 附表2-5

序号	项目	单位	数量	序号	项目	单位	数量
1	颗粒分析			4	击实试验		
2	液塑限			5	CBR		
3	易溶盐						

底基层、基层（砂砾料）试验（示例） 附表2-6

序号	项目	单位	数量	序号	项目	单位	数量
1	颗粒分析			5	针片状		
2	液塑限			6	击实试验		
3	易溶盐			7	CBR		
4	压碎值			8	水泥稳定砂砾配合比设计		

7. 外业勘测工作简介

2008年9月24日，组队进行前期准备工作，收集了该段公路所在区域1:5万地形图、地质图、地震烈度图等资料。2008年9月26日进行了测前指导和动员，9月27日全队人员进驻测设现场进行踏勘工作，熟悉地形，研究路线方案及工程协调。考虑本项目任务重、工期紧，测设队结合实际情况，对测设方案进行了细致研究，对测设进程进行了部署。2008年10月28日，按一阶段施工图勘测要求完成了该段公路的外业勘测工作。

二、建设条件

1. 项目区域城镇现状布局、规划与拟建项目的关系

沿线有乡镇、矿部生活区、矿区，共聚居着约3万人口。这条路线是当地矿区与县城之间联系的必经之路。随着当地经济的发展，现有公路交通是大幅增长，经常有道路堵塞且持续时间较长的现象，严重影响了矿区的货流运输与外界联系，不能满足当地人民与矿区职工快速、便捷、安全出行的需求，因此，迫切需要改善现有的交通运输条件，提高公路质量，以缩短客、货流运输的在途时间。

2. 项目区域路网现状、规划与拟建项目的关系

该区域内目前没有其他道路可通行,本项目将是唯一通道。

3. 沿线自然地理条件及对项目的影响

(1) 地形地貌

拜城县地处天山山脉中段南麓,在新疆维吾尔自治区的中部偏西,北纬41°24′~42°51′,东经80°37′~83°03′,地势西北高东南低,北面是雄伟的天山主脉,海拔在4500m以上,终年积雪,发育众多冰川,西部和南部是却勒塔格山,海拔在1180~1400m之间。在四周群山环抱之中,阿克塔什山间盆地位于天山主干南麓与克孜尔山之间,拜城山间盆地介于克孜尔山与却勒塔格之中。路线受周围地势、采矿区、农田、房屋、树木的限制。

(2) 水文

拜城县冰川、积雪融化及降水形成河流。全年降雨量不足,过多反而造成农田泛碱。地下水虽丰富,但利用率不高。县境内的水流主要由冰川融水与地表水、地下水构成。县境内的木扎提河流域的冰川是一个储量丰富的固体水库。县境内地表水资源全部为山区降水、融冰雪水补给,通过木扎提河、喀普斯浪河、台勒维丘克河、喀拉苏河和克孜尔河流入盆地,年径流量为27.54亿立方米,加各处溢出泉水5.24亿立方米,每年地表总径流量为32.78亿立方米,灌溉水源比较丰富。拜城盆地与黑英山盆地是两个很大的地下水库,对蓄洪补枯的调节作用很大,动贮总量10.05亿立方米。

(3) 区域地质概况

拟建公路位于天山地槽褶邹地中部,地质构造属南天山冒地槽褶皱带的喀尔勒克塔格山复背斜的中东段和塔格拉克山前坳陷的西北段。北与北天山优地槽褶皱带毗邻。地层下以古生界的滞留物系变质岩为主,主要分布于境内北部山区;上古生界和中新生界沿积岩层主要分布在境内中部、南部的中低山和山前地带。地层沉积构造特征:古生代时期为天山地槽,中新生界分布与山前坳陷和山间坳陷中,均为陆相沉积;三叠系为红色碎屑沉积;侏罗系为含煤建造和红层;第四系为冰碛的砾石和砂土。

(4) 气象地震

项目所在区域属暖温带大陆性干旱气候区,年降水稀少,平均为65mm,而蒸发量高达2604.9mm,年平均气温8℃,该区域日照时间长,全年日照平均为2822h,最大冻土深度0.6m。

拜城县气象资料详见附表2-7。

拜城县气象资料表 附表2-7

项 目	单 位	指 标	项 目	单 位	指 标
年平均气温	℃	8	平均年蒸发量	mm	2604.9
极端最高气温	℃	40.1	最大风速	m/s	30
极端最低气温	℃	-29.4	主导风向		W、N
最大冻土深度	cm	60	无霜期	天	220
平均年降水量	mm	65			

根据《中国地震动参数区划图》可查得本项目所在区域地震基本烈度为Ⅷ度。综合分析区域稳定性属基本稳定,适宜修建公路,但桥梁应做抗震设计。

4. 沿线环境敏感区重要的分布及对项目建设的影响

路线为联结拜城县城、铁热克镇、音西铁列克煤矿。本项目的实施对沿线环境敏感区无

太大影响,但施工过程中会带来一定影响,应采取相应措施避免对周边环境造成较大影响。

三、外业勘测工作情况

1. 路线勘测

(1)控制测量

平面采用导线测量的方法,使用仪器为全站仪。高程采用往返测量,四等水准测量,使用仪器为水准仪(S2),测量过程中严格按照现行测量规范进行控制。测量中对平面角度、距离及水准高程超出误差范围的路段进行了复测。

(2)路线测量

中线测量:采用全站仪极坐标法放样,使用"海地公路优化设计系统"进行计算,中桩控制精度为±50mm,桩距为20m,对曲线主点、桥涵、河沟、地形变化及地质变化等进行了加密,结果满足规范要求。

横断面测量:采用抬杆法测量,仪器为花杆、皮尺,结果满足规范要求。

(3)路线平面图测绘

采用全站仪进行采点,对地形、地貌、地物等进行采点测绘,通过电子平板软件"南方CASS"进行成图。

2. 路基路面

(1)路基横断面布置

全线平面技术指标按三级公路标准执行,设计速度30km/h。路基宽度为7.5m,路面宽度为6.5m,两侧各0.5m天然砂砾路肩。

(2)路基加宽、超高方案

路面及路肩横坡均为1.5%,路基设计高程为路面中心线高程。平曲线上路面加宽采用第三类加宽,超高方式采用绕路中心线旋转。

(3)边坡

本改建工程各路段的路堤采用砾类土填筑。填方路段边坡1∶1.5;挖方路段边坡1∶1～1∶0.3。

(4)路面结构

根据现行《公路沥青路面设计规范》(JTG D50—2006)、《公路沥青路面施工技术规范》(JTJ F40—2004)、《公路路面基层施工技术》(JTJ 034—2000)、土基回弹模量、交通流量及组成、沿线筑路材料分布状况等,综合考虑进行。全线结构组成设计时,主要依据累计交通量和公路等级对路面面层及结构整体强度要求,并结合线所经地区的土质及地基回弹模量、当地沿线气候水文地质、路基高度、潮湿情况、挖探资料检测结果综合分析后进行路面结构组成设计。因考虑本项目主要承担矿区重型交通,拟采用半刚性路面结构,即4cm沥青混凝土面层+18cm水泥稳定砂砾基层+天然砂砾底基层方案。此方案基层水稳性好,强度高,整体性好,行车舒适,但造价高,工序较多。

"4-18-25型"即指4cm沥青混凝土面层、18cm水泥稳定砂砾基层(5%水泥)、25cm天然砂砾底基层(由计算结果最终确定)。

(5)路基排水、防护

本工程路基、路面排水设计主要依据《公路排水设计规范》(JTG/T D33—2012)。路面排水通过路面横坡排水,路基排水通过边沟、截水沟及导流坝综合排水,一般路段的边沟为土边沟,局部坡降较大、易冲刷路段,为防止流水侵蚀和渗入路基,设浆砌卵石边沟,边沟断面尺寸为 0.6m×0.6m 梯形。导流坝设置在排水构造物的进出口处,截水沟设置在路基傍山一侧,引导水流至涵洞等排水构造物处排水。

(6)特殊路基处理

路基新增部分与老路基之间开挖土质台阶,新增部分需清除地表浮土与杂物

3. 桥梁涵洞

该工程项目所建桥涵采用公路—Ⅱ级设计荷载,桥涵与路基同宽。

共计:涵洞 63 道,新建 62 道,盖板涵 60 道,圆管涵 3 道,小桥 3 座。

沿线涵洞主要跨越自然冲沟及为排除边沟汇集的水流而设,流量基本稳定,孔径依据形态法结合汇水面积确定。

路线共设过水路面 1 处,全长为 60m。

4. 平面交叉

根据实地情况设置平面交叉如下:共设计平面交叉 1 处,均采用加铺转角式。

5. 工程地质勘查

(1)完成的工程地质勘探和主要试验工作量。

(2)筑路材料料场勘察。

自采料场:

①路基与路面底基层材料:全线共设 3 处为 K2+920 右侧 0.1km 处河床内、K8+180 左侧 0.15km 处河床内、K12+410 右侧 0.035km 处河床内。以上料场经试验检验各项指标符合要求后可用于路面底基层及路基。平均运距 8km。

②防护工程材料:K8+160、K10+800 及之后沿线均有丰富卵石

③水:用于各项工程,全线共设 2 个水料场为 K0+000 后方 1000 河内,K12+500 至 17000 范围内(河道常流水),平均运距 1km。

外购材料:

①路面基层、面层材料、桥涵混凝土工程材料:该料场位于 S307 线 K86+500 右侧 0.3km 处"新建成品料场",为已开采成品砂石料场。平均运距 60.0km,或施工单位在给定的料场自采。

②电:用于各项工程,由施工单位自备发电机。

③水泥:由阿克苏水泥厂供应。平均运距 206km。

④钢材:本项目工程用钢材由乌鲁木齐供应,平均运距 904km。

⑤木材:由拜城县供应,平均运距 46km。

⑥沥青:全线路面用道路沥青由克拉玛依供应,平均运距 1274km。

⑦交通标志:由乌鲁木齐供应,平均运距 904km。

参 考 文 献

[1] 中华人民共和国行业标准. JTG B01—2003 公路工程技术标准[S]. 北京:人民交通出版社,2004.
[2] 中华人民共和国行业标准. JTG C10—2007 公路勘测规范[S]. 北京:人民交通出版社,2007.
[3] 中华人民共和国行业标准. JTG/T C10—2007 公路勘测细则[S]. 北京:人民交通出版社,2007.
[4] 中华人民共和国行业标准. JTG B06—2007 公路工程基本建设项目设计文件编制办法[S]. 北京:人民交通出版社,2007.
[5] 黄文元. 公路勘测手册[M]. 北京:人民交通出版社,2007.
[6] 孙家驷. 公路勘测设计[M]. 2版. 北京:人民交通出版社,2005.
[7] 赵永平. 道路勘测设计[M]. 2版. 北京:高等教育出版社,2004.
[8] 刘伯莹,等. 公路设计工程师手册[M]. 北京:人民交通出版社,2002.
[9] 陈胜营,等. 公路勘测设计指南[M]. 北京:人民交通出版社,2000.
[10] 陈方晔,李绪梅. 公路勘测设计[M]. 北京:人民交通出版社. 2009.
[11] 李湘然,等. 公路工程现场勘测与测量技术[M]. 北京:人民交通出版社. 2003.